veneta

# PROVOS

# BADERNA

## PROVOS

AMSTERDÃ E O NASCIMENTO DA CONTRACULTURA

MATTEO GUARNACCIA

vêneta

TRADUÇÃO: Leila de Souza Mendes

EDIÇÃO DE TEXTO: Coletivo Baderna

DIAGRAMAÇÃO: Camila Simonetti

CAPA: Gustavo Piqueira/Casa Rex

REVISÃO: Ieda Lebensztayn e Lilian Aquino

Dados Internacionais de Catalogação na Publicação (CIP)
(Câmara Brasileira do Livro, SP, Brasil)

G916 Guarnaccia, Matteo.
Provos: Amsterdã e o nascimento da contracultura. /
Matteo Guarnaccia.
Tradução de Leila de Souza Mendes. - São Paulo: Veneta, 2015.
184 p.; il.

ISBN 978-85-63137-32-6

1. Sociologia. 2. Antropologia social. 3. Antropologia das Formas Expressivas. 4. Movimentos Sociais. 5. Anarquistas. 6. Grupos de Protesto. 7. Contracultura. 8. História de Amsterdã. 9. Provos (1965 - 1967). I. Título. II. Amsterdã e o nascimento da contracultura. III. Mendes, Leila de Souza, Tradutora.

CDU 316.35
CDD 300

veneta

Rua Araújo 124 1° andar
São Paulo-SP 01220-020

www.veneta.com.br | contato@veneta.com.br

*O autor agradece sinceramente pela preciosa ajuda a: Tjebbe Van Tijen, Eef Vermeg, Jan Van der Hoef, do Instituto Internacional de História Social de Amsterdã (Cruquiusweg 31, NL-1019 AT); Kees e Klaus, da livraria Lambiek de Amsterdã (Kerkstraat 78, NL-1017 GM); Luisa Rota Sperti, curadora da exposição* La Mia Prima Luna, *Lecco (Itália); Fabio Mantovan; Riccardo Albini.*

# Sumário

INTRODUÇÃO

# PROVO QUEM?

OS PROVOS, JUNTAMENTE com os Beatles, Allen Ginsberg e Bob Dylan (e mais alguns milhares de pessoas que se sintonizaram repentinamente no mesmo programa evolutivo), foram um dos elementos decisivos daquela estranha operação de alquimia que, por volta da metade dos anos 60, produziu uma deflagração de consciências. Uma operação que obrigou o Ocidente a rever os próprios planos de voo e a desligar o piloto automático, oferecendo a um largo número de humanos a visão de outras opções de vida.

Entre os grandes e pequenos protagonistas daquela temporada, entre os cometas mais ou menos luminosos, os Provos certamente são aqueles de quem menos se fala. Claro que seu nome chega a evocar alguma coisa: na melhor das hipóteses, associam-no às bicicletas brancas. Mas trata-se de um nome que, na maioria das vezes, permanece envolto nas brumas (nórdicas) da lenda. A causa principal dessa falha de memória é o fato de eles serem holandeses, de os Países Baixos terem constituído o palco de suas ações e de, por conseguinte – à exceção de alguma esporádica publicação em inglês –, todos os seus documentos terem permanecido e permanecerem ainda inacessíveis aos não familiarizados com seu árduo idioma. Se acrescentarmos a isso o chauvinismo inerente à cultura (e também à contracultura) americana – pouco inclinada a considerar digno de nota o que acontece e aconteceu fora dos EUA –, é bem fácil compreender por que os que trataram da história dos movimentos contraculturais dos anos 1960 (principalmente autores americanos) não se deram ao trabalho de investigar o que aconteceu fora dos EUA (muitas vezes farejando o que se passou além da Califórnia).

O resultado mais evidente é que, quando se fala do lugar de origem da contracultura, todos, instantaneamente, apontam para o Sunshine State (neste caso, a Califórnia), ignorando os venturosos pioneiros holandeses, cujas atividades anarquistas e tribais anteciparam Merry Pranksters, Diggers e Yippies.

Às ideias dos Provos faltou (além do anormal aparato midiático norte-americano) também aquele megafone fundamental representado pela música pop. Se no mundo anglo-saxão o movimento pacifista e alternativo pôde contar com grupos ou cantores de música folk para amplificar e difundir sua mensagem, nada de parecido aconteceu na Holanda, do ponto de vista musical.

Mesmo assim, é surpreendente como, apesar das desvantagens linguísticas, suas ações (que aconteceram e se esgotaram entre julho de 1965 e maio de 1967) tiveram eco extraordinário e inspiraram uma quantidade enorme de imitadores nos então nascentes movimentos de contestação europeus e americanos.

Ilustração do livro de Henk J. Meier, *Dit Hap-Hap-Happens in Amsterdã*, 1966.

(Até uma certa Nicoletta Strambelli, cantora italiana dos anos 1960, em busca de um nome artístico que pudesse expressar seu grande anticonformismo, encontrou-o tirando proveito da assonância de duas palavras muito em moda naqueles anos, Provo e Rude Pravo – o órgão do partido comunista tchecoslovaco –, tornando-se Patty Pravo.)

A revolta Provo foi o primeiro episódio em que os jovens, como grupo social independente, tentaram influenciar o território da política. Fazendo-o de modo absolutamente original, sem propor ideologias, mas um novo e generoso estilo de vida antiautoritário e ecológico (embora esta palavra ainda não existisse naqueles anos). Caminhando contra a corrente do "cair fora" beat, os Provos holandeses empenharam-se descaradamente em permanecer "dentro" da sociedade, para provocar nela um curto-circuito.

Para os mais distraídos, aqueles para os quais o nome Provo nada significa, basta evocar uma única palavra: Amsterdã, o inexpugnável bastião contracultural que há mais de trinta anos continua confortando o coração de todos os que consideram possível um modo de vida mais criativo, tolerante e não enquadrado. Pois bem, sem os Provos, Amsterdã não teria sido o que se tornou: a lendária Meca da contracultura, um laboratório para ousadas experimentações sociais e revolucionárias, a única cidade da Europa com um coração bastante grande e leve a ponto de prestar-se à aterrissagem da imaginação. A imaginação foi a única arma à disposição dos Provos. À diferença do maio francês, que queria levar a imaginação ao poder, o Provo utilizou a imaginação contra o poder.

Amsterdã foi a primeira "zona liberada" do planeta. A primeira na qual as ideias da Nova Consciência fincaram raízes sólidas, os cabelos compridos e os vestidos excêntricos foram aceitos normalmente. Foi ali que as bandeiras negras da anarquia reapareceram nas ruas, e dessa vez não era para seguir o funeral de um velho militante. O primeiro lugar em que a mistura entre poesia, drogas e música pop conseguiu dar vida a um movimento contracultural gigante. E tudo isso antes do maio francês, antes da Swinging London, antes de Haight-Ashbury.

Toda sua epopeia tem por denominador comum o absurdo. Como diabos um grupinho de visionários, composto por artistas da vanguarda, magos, vândalos, ex-situacionistas, estudantes desocupados, anarquistas, gente à toa e piromaníacos pôde ter êxito? Como conseguiram dar um impulso evolutivo positivo de tamanha envergadura (fazendo, ao mesmo tempo, balançar a monarquia)? Isso é algo que tem mais a ver com magia do que com sociologia.

Provo nunca foi nem partido nem movimento. Podemos vagamente defini-lo como um conjunto instável de indivíduos absolutamente heterogêneos que, no ápice do próprio sucesso, não contava com mais de vinte agitados/agitadores. Capazes de provocar simpatias e cumplicidades inesperadas, de envolver em suas ações milhares de pessoas. Definidos pela revista semanal americana *Time* como "intrépidos estudantes com cabeleiras à la Beatles", não deixaram atrás de si nem teorias nem programas ideológicos, empenhados como estavam num confronto rápido, dia após dia, ou melhor, hora após hora, com um presente urgente e em evolução contínua. Ou, como afirma o sociólogo Walter Hollstein:

> "Aquela que, do lado de fora, apresentava-se como uma organização homogênea, capaz de lutar, era na verdade uma mistura heterogênea e pitoresca de jovens que pensavam do mesmo modo, desprovidos de qualquer liderança, qualquer coisa que fosse um embrião de organização hierárquica, aparato, quartel-general... qualquer planejamento, qualquer cálculo, qualquer organização ou formação de quadros provocava verdadeiro horror nos Provos".

Provo foi uma revolta ditada pela escolha e pelo prazer, não pela necessidade (só para nos entendermos: estavam mais para Bakunin do que para Masaniello[1]). A "provolução" talvez tenha sido o primeiro exemplo de rebelião a eclodir sem nenhuma causa aparente. No panorama mundial, a Holanda do início dos anos 1960 podia considerar-se uma ilha de bem-estar e tranquilidade, nada de guerras de além-mar, nada de segregação racial, nada de conflitos sociais. De acordo com um estudo elaborado em 1967 (no final do meteoro Provo) por um docente

1. Masaniello era um pescador na Nápoles de 1600. Foi líder de uma insurreição popular contra a da nobreza mandante. Sua figura lendária entrou para o vocabulário italiano como sinônimo de agitador, líder popular. (N.T: Nota da tradução.)

universitário, Aad Nuis, "não existia nenhum motivo concreto para protestar contra a ordem constituída". Decerto não existia nenhum motivo, "a não ser, naturalmente, a própria existência da ordem constituída", como apontou brilhantemente Richard Neville, em seu saboroso guia *Play Power*.

Eis o cartão de visita com que os Provos, anunciando o iminente lançamento de seu jornal, se apresentavam em junho de 1965. O verdadeiro manifesto programático que profetiza toda sua história:

> PROVO é uma folha mensal para anarquistas, provos, beatniks, noctâmbulos, amoladores, malandros, simples simoníacos estilitas, magos, pacifistas, comedores de batatinhas fritas, charlatões, filósofos, portadores de germes, moços das estribarias reais, exibicionistas, vegetarianos, sindicalistas, papais-noéis, professores da maternal, agitadores, piromaníacos, assistentes do assistente, gente que se coça e sifilíticos, polícia secreta e toda a ralé deste tipo.
> PROVO é alguma coisa contra o capitalismo, o comunismo, o fascismo, a burocracia, o militarismo, o profissionalismo, o dogmatismo e o autoritarismo.
> PROVO deve escolher entre uma resistência desesperada e uma extinção submissa.
> PROVO incita à resistência onde quer que seja possível.
> PROVO tem consciência de que no final perderá, mas não pode deixar escapar a ocasião de cumprir ao menos uma quinquagésima e sincera tentativa de provocar a sociedade.
> PROVO considera a anarquia como uma fonte de inspiração para a resistência.
> PROVO quer devolver vida à anarquia e ensiná-la aos jovens.
> PROVO É UMA IMAGEM.

De suas palavras, transparece claramente a falta de ilusões quanto à conquista de resultados ("Provo tem consciência de que no final perderá"), nenhum "sol do porvir" em vista. São visionários, mas com os pés bem fincados no chão, conscientes do fato de que nenhuma verdadeira revolução poderá se dar sem evolução e sem a alegria. Loucura criativa e frivolidade oposta ao cinza tétrico da política e da alienação das sociedades de consumo, em que "criados e patrões" são cúmplices e precisam desesperadamente uns dos outros, como se precisa de drogas.

A última frase "Provo é uma imagem", é claramente uma derivação situacionista e revela a perfeita consciência de estarem agindo dentro da sociedade do espetáculo, na qual o capitalismo moderno designa – para cada um – o papel específico de espectador passivo. O conceito que os levaria a se dissolver no momento de maior sucesso, para evitar que se tornassem a caricatura de si próprios.

> Não podemos convencer as massas, e talvez sequer nos interesse fazer isso. O que podemos esperar desse bando de apáticas, indolentes, tolas baratas...? É mais fácil o sol surgir no Oeste do que eclodir uma revolução nos Países Baixos.
> Somos Provo... por que, então? Não é certamente para nos entediarmos. Não, nós não fazemos provocações por falta de paz. E por quê? Porque este mundo está cheio, atolado de exércitos, Estados, multidões de policiais e espiões, cavalos de batalha, muros da vergonha, bases de mísseis, rampas militares, quartéis, mortos de fome, histeria religiosa, burocracias e campos de extermínio... Nós não somos tão ingênuos a ponto de acreditar que possamos transformar este mundo, num piscar de olhos, num lugar ideal. Todos os reformadores, inclusive os anarquistas, esqueceram de levar em conta as pessoas, o "fator humano", como se costuma dizer. O homem médio é um comedor de repolhos, improdutivo, não criativo, não original; um imbecil sem espírito crítico que reage de modo emotivo etc.; alguém que se diverte fazendo fila nos guichês. De nosso lado, nós não diremos que todo povo tem o governo que merece ou que desejou, mas acreditamos que a massa dos europeus seja incapaz de evoluir. Posto isso, dizemos: nunca transfiram para outros o seu poder!

Na diversificada galáxia das realidades contraculturais dos últimos trinta anos do século XX, Provo destaca-se por um particular que não se verifica em nenhum outro "grupo": seu sucesso. Seja qual for a forma como queremos ver o fenômeno, é inegável que Provo venceu (basta dar uma volta pelos Países Baixos para percebê-lo). E, além de ter vencido, deixou uma ótima recordação na opinião pública (coisa constrangedora e inconveniente para o clube de subversivos ao qual Provo, com todo o direito, pertence). Certamente, do ponto de vista mais radical, haveria muito o que discutir: se seu sucesso foi verdadeiro, se foram lisonjeados ou cooptados pelo poder, se foram reabsorvidos pela sociedade e coisas do tipo. Certamente, segundo os ditames marxistas, os Países Baixos ainda são uma nação capitalista. Certamente os situacionistas enfurecidos zombaram da "ridícula moderação sublúdica dos intelectuais Provos". Decerto, para os cânones revolucionários, Provo deve ser considerado um elemento reformista. Mas permanece o fato de que as possibilidades de "Zonas Autônomas Temporárias"[2] naquele país seguem como algo muito surpreendente. Também surpreendente é o respeito de que gozam na Holanda as minorias (qualquer tipo de minoria) e as ideias mais heterogêneas (é triste ter de considerar "surpreendente" o que deveria ser algo normal em qualquer país civilizado).

Este livro é uma tentativa de dar a conhecer a incrível aventura daqueles dissidentes brincalhões e de boas maneiras que, como na fábula de Andersen, tiveram a coragem de gritar "o rei está nu!" (neste caso, seria melhor dizer a rainha), enquanto as pessoas continuavam louvando seus trajes.

2. As Zonas Autônomas Temporárias, também conhecidas pela sigla TAZ (*Temporary Autonomous Zone*), são um conceito desenvolvido por Hakim Bey no livro *TAZ*. (N.E.: Nota da edição brasileira.)

CAPÍTULO 1

# DUAS OU TRÊS COISAS SOBRE A VENTUROSA AMSTERDÃ

O CARÁTER EXTRAVAGANTE de Amsterdã é o resultado de uma perfeita mistura entre o espírito solidário, a alma rebelde, a criatividade e a alegria de viver de seus moradores. É uma terra fértil para o desabrochar de novas ideias.

O brasão da cidade é bastante explícito quanto a isso. Nele, além de três cruzes de Santo André (que também podem ser lidas como XXX, triplo xis, símbolo dos materiais explosivos, dos filmes hard-core ou de "muitos beijos"), sobressaem as palavras do mote "Heroico, Resoluto, Caridoso" que, na década de 1970, foi transformado por seus habitantes anticonformistas em "Prazeroso, Tolerante, Impossível".

Entrar num acordo, encontrar um modo de convivência para melhorar o próprio estilo de vida foi, desde sempre, mais que uma escolha, uma necessidade para os moradores daquele aglomerado que foi se desenvolvendo ao redor de um dique (em holandês, *dam*) no Rio Amstel. A venturosa e brilhante população que se juntou naquelas terras pouco acolhedoras teve de "sair do pântano" não apenas em sentido figurado, mas também (e sobretudo) fisicamente. Para tanto, desenvolveu uma obstinada criatividade, voltada para a busca do bem-estar comum, transformando um dos lugares mais penalizados do continente europeu, encharcado de água, exposto às correntes árticas e privado de qualquer barreira natural de defesa, na porta encantada rumo aos trópicos, num dos empórios mais bem guarnecidos do planeta, num de seus lugares mais mágicos e hospitaleiros.

No decorrer dos séculos, as ideias não uniformizadas receberam, nessa cidade de escambo e comércio, uma bela acolhida, Amsterdã foi refúgio para todos, desde os huguenotes fugidos da França, passando pelos Dissenters ingleses, até os judeus fugidos da Península Ibérica após a reconquista (comunidade de origem de Spinoza, campeão da liberdade de pensamento, inimigo de todo integralismo religioso). Um vaivém de filósofos, artistas e cientistas fugidos de quase toda a Europa atulhou suas ruelas estreitas durante séculos. Amsterdã soube tirar de toda contribuição exterior um motivo de crescimento e de orgulho (já isso bastaria para dar um fim à estúpida denominação de "Veneza do Norte": não esqueçamos que a cidade italiana entregou seus filósofos - como Giordano Bruno - à Inquisição).

Foi essa atitude de abertura que tornou Amsterdã (a única capital no mundo a não ser sede do governo) particularmente turbulenta, resistente ao poder (monárquico, dos padres ou yuppies, que seja). Uma cidade pouco bondosa com os representantes das intolerâncias. E que tem uma rica tradição em episódios de sublevação popular (limitando-nos ao período que vai do fim do século XIX aos anos 1960, foram pelo menos quatro).

Em 1886, a polícia decidiu interromper um jogo tradicional, muito exuberante e bastante apreciado, que tinha lugar nos canais do bairro popular do Jordaan: uma competição em que diversas tripulações dispostas em barcos procuravam se apossar de troféus sob a forma de enguias vivas - um dos raros momentos de descontração na vida miserável do proletariado da época. A reação da multidão à brutalidade dos guardas eclodiu naquela que é lembrada como a "insurreição das enguias", erradicada a tiros de canhões e ao preço de vinte e seis mortos e centenas de feridos. Em 1917, eclode a "revolta das batatas", desencadeada pelos moradores que a ensandecida política econômica governamental reduzira à fome. O governo, aproveitando-se da posição neutra do país durante a Primeira Guerra Mundial, vendia toda a colheita de batatas (praticamente a única fonte de alimentação dos pobres), com enormes lucros, para os estados beligerantes. Nessa ocasião, a revolta também começara no Jordaan, e houve dezenas de mortos e centenas de feridos. No final, o governo viu-se obrigado a interromper as exportações de batatas.

Nova revolta sanguinolenta em 1934, em plena Depressão, liderada pelos desempregados: barricadas, mortos, seis dias de desordens. Em 1996, cinco dias de graves tumultos desencadeados pelos trabalhadores da construção civil e pelos jovens: incêndios e barricadas.

O Jordaan, o turbulento bairro popular e boêmio da cidade, onde infalivelmente começavam todas as sublevações (e onde, nos anos 1960, muitos dos Provos irão morar), foi, no final do século XIX, um dos primeiros da Europa a ter suas ruas asfaltadas para evitar que os moradores usassem os paralelepípedos para erguer barricadas.

Na virada do século, o movimento anarquista era bastante difundido no tecido social da cidade, particularmente entre os portuários, uma influência que deixou sua marca. Um anarquismo de forte tendência solidarista e cooperativista, bem representado pelo National Arbeids Sekretariat, que durante anos foi a organização sindical de maior peso entre os trabalhadores holandeses. Para a difusão e o desenvolvimento das ideias libertárias, foi fundamental a figura quase messiânica de Domela Nieuwenhaus, ex-pregador luterano, ex-parlamentar desiludido, sindicalista e defensor vigoroso da não violência. Muito amado pelo povo, Domela, que as pessoas ainda hoje recordam, talvez seja o único anarquista a poder vangloriar--se de um monumento, erigido por vontade dos cidadãos (e Amsterdã, a única cidade do mundo a poder exibir a estátua de um anarquista). Quando ele morreu, em 1919, suas apaixonadas batalhas pacifistas e antimilitaristas foram levadas adiante por Bart de Ligt, autor de um curioso manual de resistência passiva, *A Conquista da Violência*, muito difundido entre os pacifistas ingleses e americanos nas décadas de 1930 e 1940, um livro ao qual os Provos se remeterão explicitamente.

Em Amsterdã, em 1904, nasce a Aliança Internacional Antimilitarista, e em 1907 tem lugar o Congresso Internacional Anarquista (do qual também participa Errico Malatesta).

Em 1932, a cidade hospeda um congresso mundial contra o fascismo e o nazismo, organizado pelo genial gravador flamengo Frans Masereel e pelo escritor francês Romain Rolland.

Cidade violentamente antifascista, não perde sua combatividade nem mesmo durante a ocupação nazista e, juntamente com Varsóvia, é a única a ter coragem de se rebelar (1941, greve geral contra as leis raciais). A única cidade em que a população não judaica foi para a praça pública em defesa dos judeus. A vicissitude da pequena Anne Frank tornou-se o símbolo da tragédia da comunidade hebraica da cidade, que antes da guerra era uma das mais florescentes da Europa (103 mil deportados e assassinados nos campos de extermínio!).

Do ponto de vista cultural, mesmo que nos limitemos ao último século, a cidade foi um centro crucial de troca entre os movimentos artísticos que provinham da Grã-Bretanha, da Europa Central e da área franco-belga. Bastante significativo foi o fato de as realidades criativas, das quais Amsterdã foi testemunha, terem em comum a mesma tendência a querer influir no social.

Os exemplos são inúmeros: a *Nieuwe Kunst*, escola holandesa de *Art Nouveau*, representada por personagens como Thorn Prikker ou Jan Toorop; o *neogótico*, cujo expoente mais ilustre foi o arquiteto Petrus J. Cuijpers (a quem se devem o Rijksmuseum, 1885, e a Estação Central, 1889); a Escola de Arquitetura de Amsterdã, ativa desde a década de 1930, composta por um grupo de jovens arquitetos (entre os quais Berlage, Klerk e Kramer) muito sensíveis às necessidades das classes menos privilegiadas e autores, entre outros, do “plano de expansão sul”, um dos exemplos mais bem-sucedidos e imaginativos de construção civil popular na Europa - essa escola está ligada à importante revista de vanguarda *Wendigen* (1918), dirigida por Wijdaveld; *De Stijl*, grupo racionalista e antissubjetivista ligado às ideias da Bauhaus, formado ao redor da revista homônima fundada em Leida (1917) por Theo Van Doesburg, e da qual também participou o pintor Piet Mondrian. Na formação desse grupo, as ideias da Sociedade Teosófica desempenharam um papel decisivo. A Sociedade Teosófica teve um vasto séquito em Amsterdã. O próprio Mondrian era filiado e mantinha bem à vista em seu ateliê um retrato de madame Blavatsky.

A cena esotérica sempre foi bastante viva nessa cidade que, além de acolher grupos mais ou menos bizarros de alquimistas, ocultistas, antroposofistas, vegetarianos, budistas, matemáticos místicos (M.H.J. Schoenmaekers, que se vangloriava de poder subdividir o mundo em seus elementos construtivos), foi também o quartel-general da famosa Ordem da Estrela do Oriente, de Krishnamurti.

De resto, basta observar a estrutura de Amsterdã em forma de concha (o termo grego *kteis*, além de concha, designa também o órgão genital feminino) para compreender o segredo de sua particular força criativa e erótica. Aspecto reforçado pela presença, no solo úmido e bem irrigado, de um impressionante número de balizas para separar o fluxo do trânsito: de inconfundível forma fálica, elas acompanham todos os canais, como as agulhas de acupuntura acompanham os meridianos do corpo, quase querendo estimular a energia da cidade. Amsterdã é uma Yoni cósmica, zelosamente moldada entre água e terra, e o branco obelisco que surge justamente no centro urbano, na praça Dam, é o Lingam[3], símbolos que conjuntamente representam o poderoso aspecto gerador do casal divino Shiva/Parvati. Amsterdã é o Labirinto Encantado das Águas, uma cidade flutuante eleita como residência ("invadida", é claro) da tríade sagrada: Jogo--Magia-Anarquia.

A ininterrupta presença de dragões orientais, bem mimetizados na pedra dos parapeitos das pontes que cruzam os canais, revela o desígnio preciso de seus construtores, querendo prover a cidade de poderosos guardiões. Os dragões (esotericamente transportados por inconscientes navios holandeses, do mesmo modo como prestativos insetos oferecem uma paisagem aos pólens clandestinos) representam uma primavera, mais um sinal generativo, suas cabeças chifrudas e bigodudas simbolizam o yang, ao passo que suas escamas, o yin. Um equilíbrio que a cidade demonstrou possuir em diferentes ocasiões.

Theo Van Doesburg, com seu empenho dentro do grupo *De Stijl*, desempenhou um papel muito relevante para a difusão do *Dadaísmo* na Holanda, quer com seu nome, quer sob diversos

---

3. Do sânscrito, *lingam* significa *pênis*. Designa o falo estilizado que simboliza o deus Shiva. (N.E.)

pseudônimos. Nos anos 1920, acompanhado por um artista alemão, Kurt Schwitters (que, por não falar holandês, entabulava discursos latindo como se fosse um cachorro), andou para cima e para baixo pelo país, dando vida a performances delirantes e escandalosas.

> A humanidade escolheu alegremente, graças a seu fetichismo instintivo, deixar-se cegar por sinais característicos e particulares, que têm a função de advertência e que são repetidos com tamanha frequência a ponto de produzir uma impressão indelével. Se pensamos em religião, eis que aparece uma cruz; se pensamos em Nietzsche, eis os espessos bigodes; Oscar Wilde provoca imediatamente a ideia de homossexualidade; Tolstói evoca seu caftã e suas sandálias. Dadá não quer converter ninguém. Dadá tem experiência suficiente para saber que qualquer pessoa está apta a conquistar as massas, basta trabalhar nos instintos primários com um pouco de publicidade. Dadá considera os dogmas e as fórmulas como pregos com que os homens tentam manter unido um navio desconjuntado que está afundando (nossa civilização ocidental). Dadá é a expressão mais imediata de nossa época deformada e não deseja ser nada mais. Dadá não aspira à imortalidade. Dadá estabeleceu um "pacto de 50%" com o mundo. Tendo notado a falsidade de tudo o que nos cerca, declarou a falência do mundo.

O trecho acima foi extraído do manifesto *Wat is Dada* (O que é Dadá), elaborado por Van Doesburg, do qual, de modo mais ou menos consciente, os Provos tiraram alguns ensinamentos úteis quanto ao uso dos símbolos. A indubitável influência Dadá no movimento pode ser reconhecida na obsessão de querer arrombar os significados que sustentam a ordem estabelecida das coisas, e na fé no poder mágico da arte.

O período posterior à Segunda Guerra Mundial vê a sociedade holandesa extremamente abalada pelos horrores do conflito (não esqueçamos que a Holanda havia ficado de fora da Primeira Guerra Mundial e tinha certeza de que faria a mesma coisa na Segunda) e pela perda do império colonial das Índias Orientais. A nação, prosseguindo numa tendência de progressiva provincialização, encontra-se reduzida ao papel de país pequeno, cada vez menos influente no cenário internacional.

A esta altura, convém lembrar que o que escrevemos até aqui sobre Amsterdã não vale para o resto do país. Da mesma forma que Amsterdã é irrequieta e aventureira, a Holanda sempre foi puritana, maçante e carola. Ainda no início dos anos 1960, os médicos falavam em latim entre si, e os burgueses vestiam-se como nas caricaturas de Grosz – roupas pretas, colarinho duro, corrente de ouro no colete e uma espécie de cartola na cabeça. Em certas aldeias podia até acontecer que devotos seguissem e derrubassem aquele que estivesse andando de bicicleta num domingo, por ter ousado "trabalhar" no dia que o Senhor estabelecera ser dedicado ao descanso. Ordem, limpeza e decência. O espírito protestante calvinista de autossatisfação, embalado na certeza de que o próprio bem-estar derivava do olhar de Deus, produzira no exterior um dos regimes coloniais menos iluminados da história, e no país uma sociedade rígida e controlada.

Para termos uma ideia da inabalável e perfeita vida da província holandesa, mais que qualquer ensaio socioeconômico, basta ler o belíssimo livro *O Homem Que Via o Trem Passar*, de Georges Simenon.

Amsterdã sempre representou a exceção, por seu inato anticonformismo, sua alegria de viver, seu gosto por excessos (bebedeiras e mulheres), o pecaminoso bairro pornô, o poderoso substrato esotérico e o ativismo anárquico.

Uma descrição extraordinária da cidade está contida no texto de *Amsterdã*, obra do *enfant terrible* da canção belga Jacques Brel:

> No porto de Amsterdã, há marinheiros que cantam os sonhos que os perseguem ao largo de Amsterdã. No porto de Amsterdã, há marinheiros que dormem como auriflamas ao longo de diques isolados. No porto de Amsterdã, há marinheiros que morrem cheios de cerveja e de dramas às primeiras luzes do amanhecer...

Do desconcerto e da crise pós-guerra emergem novas formas expressivas, que se concretizam essencialmente na poesia e na pintura. Libertar-se dos modelos e dar vazão às emoções reprimidas pelos horrores da guerra por meio de um gestual mais relaxado, enfatizar o ato criativo e o signo em detrimento da obra são as novas palavras de ordem. É o momento de ouro do Abstracionismo (se preferirem, Expressionismo Abstrato, Pintura Concreta ou Action Painting), do qual Amsterdã se torna um dos centros mundiais. Não podemos esquecer que um dos criadores do movimento, de Kooning, era um holandês naturalizado americano.

Em 1947, nasce o grupo COBRA, cujo nome se origina das iniciais das três cidades de origem de seus membros: Copenhague (Asger Jorn), Bruxelas (Alechinsky e Dotremont) e Amsterdã (Karel Appel, Corneille, Constant Nieuwenhuis e Lucebert). Um grupo de extraordinária e furiosa vitalidade, ansioso por participar e fazer participar da vida, criador de uma *imagerie* fantástica e selvagem, cheia de referências mágicas e místicas ligadas ao folclore nórdico. O objetivo é dar vazão ao subconsciente, para além das constrições do intelecto. A primeira mostra do grupo, em Amsterdã, acontece em 1949. Constant Nieuwenhuis, mais conhecido como Constant, de quem teremos oportunidade de falar em seguida, elabora, dentro do grupo, diversos temas – como o urbanismo unitário, o sujeito desejante e a criatividade revolucionária – que mais tarde levaria como dote para a Internacional Situacionista, quando, depois de ter abandonado a pintura, dirigiria sua atenção à investigação dos problemas habitacionais, em contato com as mais radicais vanguardas europeias. Na cidade, por um breve período (de 1958 a 1960), estava em atividade uma seção da Internacional Situacionista (formada por Constant, Alberts e Oudejans) que seria desmantelada e excomungada, como manda o roteiro, pela "matriz" francesa.

Estreitamente ligada ao COBRA, encontramos uma escola de poetas, cantores do "verso em liberdade", chamada *De Vijftigers* (ou seja, "geração dos anos 1950"), da qual faziam parte personagens que em seguida se tornariam escritores respeitáveis, como Remco Campert e Hugo Klaus, o futuro e formidável padrinho da cena psicodélica holandesa, Simon Vinkenoog, e um dos membros do próprio COBRA, Lucebert. Este criou confusão no sonolento e embalsamado mundo da Amsterdã oficial quando, em 1954, condecorado com o prêmio de poesia do município, apresentou-se para recebê-lo vestindo-se triunfalmente como autoproclamado Imperador dos *Vijftigers*, portando até coroa na cabeça, estola de arminho, roupas de veludo, e fazendo-se acompanhar de uma rainha na maior estica e de uma guarda pessoal (brilhantemente representados por alguns de seus amigos poetas). A tirada não divertiu os comedidos representantes da municipalidade, que chamaram a polícia para se livrar daquele impertinente, inaugurando uma tradição de relações tempestuosas entre poder e cenário criativo, uma perfeita situação de recíproca incomunicabilidade que dali a pouco eclodiria em entusiasmada guerrilha artística de rua. A malograda coroação de Lucebert foi um perfeito exemplo de *happening*, embora essa palavra, naquela época, ainda não tivesse sido forjada.

Ilustração do livro de Henk J. Meier, *Dit Hap-Hap-Happens in Amsterdã*, 1966.

## CAPÍTULO 2

# HAP-HAP-HAPPENING!

O INÍCIO DOS ANOS 1960 encontra o cenário artístico de Amsterdã atarefado em dar vida a novas formas de expressão, em perfeita sincronia com outros centros mundiais (Paris, Milão, Londres, Nova York, Tóquio). Pintura, teatro, poesia sonora, free jazz, música eletrônica e, no que concerne à literatura, uma nova e original leva de escritores capazes de dar voz ao protesto contra a profunda hipocrisia da nascente sociedade do bem-estar holandês e contra o velho autoritarismo burocrático (Hermans, Van der Reve e Jan Cremer). Mas a forma artística que ganha instantaneamente as simpatias dos círculos intelectuais e boêmios, e que servirá como elemento dinâmico, catalisador da transformação, é a última novidade proveniente dos Estados Unidos: o happening, que nasceu oficialmente em 1959 em Nova York, com a mostra de Allan Kaprow, *18 Happenings in Six Parts*. O artista, que alimentava uma especial predileção pelas grandes *assemblages* de materiais heterogêneos, aliás *action collage*, vendo-se obrigado, a certa altura, por motivos de espaço, a levar suas obras para fora das galerias, ao ar livre, percebeu que, na realidade, o que estava fazendo não eram obras de arte, mas ambientes que deveriam ser vividos. Da interação entre as atividades orquestradas para entreter os espectadores e sua reação, surge o happening.

> O espaço das exposições já não me satisfazia. Pensei que seria muito mais interessante se eu conseguisse sair da galeria e fazer flutuar o ambiente que havia criado na vida de todos os dias, de modo a eliminar todo tipo de divisão... O evento tem de terminar antes que o hábito se estabeleça. O artista que realiza um happening vive o mais puro dos melodramas. Sua obra é uma perfeita representação do mito do Não sucesso, porque os happenings não podem ser vendidos ou levados para casa, só podem ser estimulados. Além disso, por causa de sua natureza flutuante, apenas poucas pessoas podem segui-los. Permanecem um evento isolado e orgulhoso. Quem os cria é um verdadeiro aventureiro, porque boa parte daquilo que faz é absolutamente imprevisível. Quem os cria é um verdadeiro embusteiro. (Allan Kaprow)

Muitos artistas seguiram ou ao menos adaptaram o que já faziam ao novo meio. Outros foram forçados. Cage, Maciunas, Holdenburg, o grupo Fluxus... Naturalmente, a única coisa que havia de novo no happening era o nome. Os esforços para fundir arte e vida diária são parte integrante do patrimônio das vanguardas históricas do século XX. Basta lembrar as ações devastadoras dos dadaístas no cabaré Voltaire de Zurique, entre 1910 e 1921. Como caixa de ressonância, a Nova York do início dos anos 1960 demonstrou-se muito mais eficaz e poderosa que Zurique: logo, o grande poder de arrasto da vanguarda nova-iorquina (fortemente patrocinada pela CIA por meio de institutos de cultura e negociantes de arte, com a finalidade de criar um polo artístico alternativo à "vermelha" Paris) não demorou a se fazer sentir no exterior. Logo a Europa, começando pela Alemanha, foi conquistada pelo "novo" meio. Os institutos de cultura americanos, concebidos pela administração Kennedy como ponta de lança para a exportação do modelo ianque - "o melhor (e único) dos mundos possíveis", primeiro passo rumo à homologação do gosto, da obtusa monocultura *stars and stripes* (da qual experiências como a MTV representam a versão *up to date*) -, desempenharam papel importante na história toda. Afortunadamente, e a despeito dos planos, esses institutos, além de criarem consumidores passivos de ideologia consumista, instilaram nas mentes da juventude mais excitável um desejo desmedido de anticonformismo. (Não vamos esquecer que, entre os tantos livros que as livrarias americanas expunham em suas prateleiras, podia acontecer que, inadvertidamente, estivesse também algum livro da *beat generation*; o próprio Ginsberg aparece em Amsterdã em 1962.)

Justamente naqueles anos, Sukarno, o primeiro presidente da Indonésia após a independência, num famoso discurso para a assembleia dos países não alinhados, afirmou que, mais que os livros de Marx e de Lênin, os verdadeiros instrumentos da tomada de consciência revolucionária para os povos do Terceiro Mundo seriam os enlatados americanos do tipo *I Love Lucy* (protótipo do imperialismo cultural ianque). Porque, depois de ter visto as limpas casinhas californianas com água encanada, geladeiras cheias e cozinhas repletas de acessórios, todos perceberiam instantaneamente a profunda injustiça existente no mundo.

Voltemos ao happening... Eis algumas etapas de sua marcha vitoriosa através da Europa: Hannover, *Merz* de Kurt Schwitters; Londres, *Festival of Misfits*; Roma, *Doomsday*; Veneza, *L'Anti-Procès* de Jean-Jacques Lebel; Paris, *Pour Conjurer l'Esprit de Catastrophe*; Colônia, *Décol/Lage* de Wolf Vostell... (e não vamos esquecer a experiência do grupo Gutaj em Osaka, e Nam June Paik em Seul).

Jean-Jacques Lebel teoriza o happening como forma de luta, "um meio de assalto para mudar a sociedade, influenciando os homens e obrigando-os a abandonar qualquer rotina". É hora de acabar com a arte contemporânea, que já se transformou em indústria cultural, um sustentáculo do sistema dominante. Os "happeners" têm de abandonar as galerias e "esbofetear a classe dominante", saindo para as ruas. O ponto culminante do movimento será em Paris, durante as jornadas de maio, as jornadas do "debaixo da pavimentação existe a praia", de Lebel, que atrai o povo do Odeon ocupado, declarando encerrado o papel do espectador.

Finalmente, em setembro de 1962, Amsterdã também tem seu happening: *Dylaby en Bewogen Beweging* (O labirinto dinâmico e o movimento movido), que aconteceu no Stedelijk Museum. O artista Daniel Spoerri transforma duas salas do museu. Uma se torna um labirinto escuro em que os visitantes ficam expostos a experiências sensoriais (superfícies quentes e úmidas, diferentes tipos de tecidos, sons e cheiros). A segunda sala, que abriga obras do final do século XIX, é completamente subvertida: as pinturas são penduradas no chão, ao passo que as esculturas são "apoiadas" nas paredes que antes hospedavam os quadros. O chão torna-se parede e a parede torna-se chão.

É preciso registrar que, já na chegada do primeiro happening, pairava há um bom tempo sobre a cidade a sombra delirante de um duende extravagante e exibicionista que respondia pelo nome de Robert Jasper Grootveld, do qual teremos oportunidade de falar demoradamente no próximo capítulo.

No entanto, aquele que é unanimemente considerado o primeiro happening oficial é o evento coletivo intitulado *Open Het Graf* (Abra o túmulo), uma paródia de um famoso show de TV, *Open Het Dorp* (Abra o lugarejo), uma maratona de 24 horas, organizada para levantar fundos para uma aldeia duramente atingida pela enchente, o que também coincidiu com a morte da soberana mais amada do país, a rainha Guilhermina. O happening teve lugar em dezembro de 1962, na galeria Prinsengracht 146. Descrito pelo catálogo que o acompanhava como "necrófilo bilíngue e multinacional", apresentava a um público divertido um telefone para a comunicação com os defuntos e um altar para orar a Marilyn Monroe. O conjunto fora preparado por Melvin Clay, Frank Stern e Simon Vinkenoog. Entre seus deuses inspiradores, encontramos Allen Ginsberg, Brigitte Bardot (naquela época, ícones inevitáveis do anticonformismo) e também o "estramônio proveniente de Ibiza", um elemento que diz muito quanto ao gênero de interesses já então em voga no cenário criativo da cidade.

No catálogo, Simon Vinkenoog procura generosamente fornecer ao espectador holandês não iniciado algumas informações sobre o happening, fazendo-o remontar "às procissões da antiguidade, às missas negras ou brancas, às representações sacras dos mistérios medievais, aos circos itinerantes". Chega até a redigir os dez mandamentos do happening, embora saiba muito bem que fazer isso não tem sentido algum, porque o happening, "sendo um moderno mito poli-interpretativo, é capaz de explicar-se sozinho". Eis a lista:

1. O happening não é arte, a arte é um happening.
2. Pode acontecer a você também.
3. Está acontecendo aqui e agora.
4. O happening responde a todas as perguntas!

5. O happening responde a todo desejo seu.
6. Toda palavra é um happening.
7. Toda pessoa é um happening.
8. Aconteça agora, seja humano!
9. As pessoas são um happening bem aceito.
10. Torne-se um happening respondendo imediatamente à pergunta: O QUE É UM HAPPENING?

"O que verão hoje à noite será somente uma insossa sopa requentada! Um plágio dos já muito conhecidos happenings que acontecem em Nova York e Paris. Os Países Baixos são apenas uma pequena nação, em que pequenas personagens e pequenas coisas recebem mais atenção do que merecem. Mesmo esta cópia terá a atenção, e os jornais se lançarão em cima da isca. Mas não deixem que tirem sarro de sua cara. É um nada, permanecerá um nada e não significa nada." Essa especificação zombeteira, voltada a esfriar os entusiasmos, é obra de Jan Cremer, moleque prodígio da narrativa holandesa. Sua ironia representa perfeitamente o "caminho holandês para o happening", mais desenfreado e espontâneo em comparação com aquele originário do além-mar, fortemente impregnado de intelectualismo (é notório que os artistas americanos sempre tiveram o vício de se levarem demasiado a sério).

No decorrer de *Psychotactile Creation*, um happening que aconteceu na galeria Amstel 47 e que consistia numa embaraçosa revista corporal de todos os presentes (aos quais em seguida era entregue um atestado), o artista francês Ben Vautier divulga "Nove Indicações para a Arte":

> 1. Ausência da Arte. 2. Destrua a Arte. 3. Não assine a Arte. 4. Copie a Arte. 5. Mude a Arte. 6. Você é a Arte. 7. Tudo é Arte. 8. Faça a Arte como você costuma fazê-la. 9. A morte é Arte. O que quer que faça é um Happening - O que quer que diga é Poesia - O que quer que toque é Arte - Eu sou Ben e uma cadeira é uma cadeira. Assinei a noção de qualquer coisa em 1958, assinei a arte em 1959, assinei alguns eventos em 1959, assinei a morte em 1960, assinei o papa em 1961, assinei Deus em 1961, assinei o tempo em 1961, assinei doenças e epidemias em 1960, assinei caixas misteriosas em 1961, assinei a guerra em 1961, assinei você em 1962, assinei a água suja em 1961, assinei eu próprio em 1962, assinei minha assinatura em 1962.

Para montar um happening, são necessárias pessoas um tanto exibicionistas e extravagantes. Inútil dizer que elas não eram raras em Amsterdã.

Willem De Ridder, "o mais jovem ilusionista dos Países Baixos", tendo se convencido em 1959 de que a pintura agora só podia servir como passatempo ou terapia, dá vida à *Paper Konstellation* (PK), amassando quantidades cada vez mais exageradas de folhas de papel, com as quais recobre primeiro seu quarto, depois carros e calçadas. Grava o ruído produzido pelo papel enquanto é amassado e dá concertos exibindo-se nessa especialidade.

Fred Wessel, em pleno inverno, escancara todas as janelas de sua casa, deixando abertas, ao mesmo tempo, todas as torneiras. Brevemente forma-se no chão uma camada de gelo, sobre a qual uma moça, provida dos clássicos tamancos de madeira holandeses, vai patinar.

Johnny the Selfkicker (Joãozinho que se excita sozinho, ou que se chuta sozinho), também conhecido como o Goebbels Elétrico, exibe-se vestindo uma máscara antigás e emitindo gritos dilacerantes, no meio dos quais entra em transe, acompanhado pelo sax de Gerrit, o dançarino que, entre uma execução e outra, fica cheirando éter com paixão.

Dois times de ciclistas aprontam um torneio no qual despem enquanto pedalam e, nus nos selins, continuam pedalando até se chocarem.

Bart Huges, um estudante de medicina que em 1958 tinha servido de cobaia nos experimentos sobre os efeitos do LSD realizados na Universidade de Amsterdã, conquista instantaneamente o invejável *status* de fora da lei junto à comunidade científica holandesa, executando sobre si próprio um dos happenings mais famigerados do período: a trepanação da própria caixa craniana, com uma broca de dentista.

Sua teoria, desenvolvida a partir de estudos sobre ioga e sobre as substâncias psicodélicas, batizada de *Homo Sapiens Correctus*, era voltada a garantir um buraco na caixa craniana a todo adulto que assim pedisse, visando à abertura do terceiro olho. De acordo com sua experiência, a abertura da caixa craniana tornaria permanente o estado de consciência dilatado, típico das viagens com LSD ou da meditação.

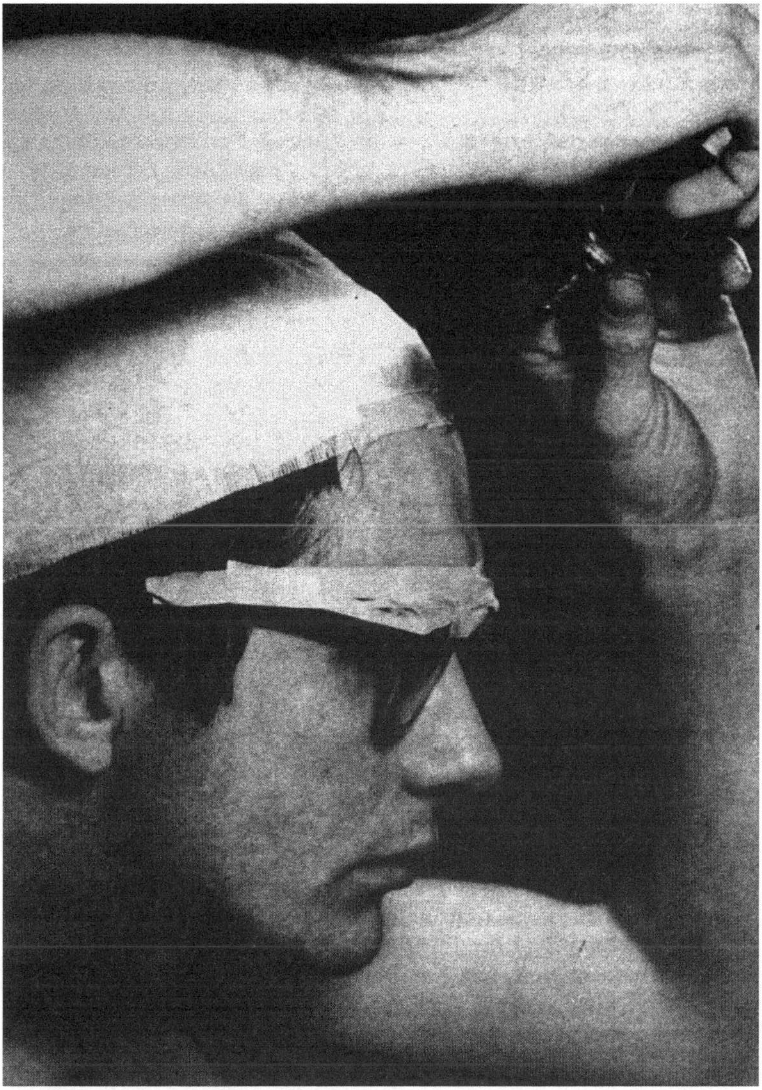

O happening de Bart Huges.

Tentarei explicar claramente que importância têm minhas descobertas para a saúde. Comecei a estudar medicina para encontrar uma cura para a doença mental. Descobri que a solução está na trepanação craniana. Graças a ela, readquire-se a pulsação cervical que se perde por volta dos 21 anos por causa da ossificação das estruturas craniais. Além disso, torna-se a adquirir a elasticidade mental da juventude. (...)
Durante o último ano de meus estudos de medicina, examinei diversas possibilidades para o aumento das funções cerebrais. Tendo conseguido alcançar um estado de consciência dilatado graças à posição iogue de cabeça para baixo, e considerando esse estado comparável àquele que se obtém com as drogas que ampliam a consciência, perguntei-me qual poderia ser o fator comum aos dois métodos. Usando o simples expediente de apertar meu pescoço com a mão, comprimindo minhas veias para impedir que o sangue deixasse o cérebro, descobri que um aumento do sangue no cérebro produzia um estado de consciência dilatado. Já que esse estado é sempre acompanhado por um aumento do sangue no cérebro, cheguei à conclusão de que essa situação faz circular ali uma maior quantidade de oxigênio e de dióxido de carbono, acelerando, desse modo, o metabolismo cerebral e melhorando suas funções, inclusive a da consciência. (...)
No decorrer de minhas experiências com LSD, notei que a compressão temporária das veias do pescoço provoca o aumento do volume de sangue no cérebro, e isto leva o coração a estabelecer na cavidade craniana uma pressão suficiente para bombear uma pequena quantidade de fluido cérebro-espinhal para fora do sistema nervoso central. Quando a constrição venosa volta ao estado normal, a pressão na cavidade craniana baixa, a força de gravidade retoma o sangue que o cérebro lhe havia arrancado e diminui o metabolismo cerebral.
No processo de antropogênese, considerando-se o tempo total que se passou desde o surgimento da vida na Terra até hoje como sendo de um ano, a história do *Homo sapiens erectus* dura apenas alguns segundos. A desvantagem da posição ereta do homem parece evidente só quando os ossos do crânio se soldam entre si. Durante o processo de crescimento, quando o coração bombeia o sangue nos capilares do cérebro, as suturas cranianas, ainda abertas, permitem que as membranas que cercam o cérebro se expandam. Mas, quando o crânio está solidificado, a coluna de sangue que o coração leva através do cérebro vai parar diretamente nas veias, sem provocar a pressão necessária para o desencadeamento da consciência dilatada.

Os animais são capazes de manter em melhor estado as funções do próprio cérebro por manterem o pescoço na posição horizontal. Ao contrário, o homem, no decurso de sua evolução, ainda não conseguiu substituir aquela quantidade de sangue extra no cérebro. Durante as experimentações que efetuei em mim mesmo, todo alívio temporário do peso da força de gravidade aumentou minha determinação em procurar tornar permanente o estado de consciência dilatado. Para readquirir o alto nível de metabolismo cerebral de minha infância, recriei as possibilidades expansivas das membranas cerebrais praticando em mim mesmo uma abertura no crânio. O efeito permanente que essa operação provocou em minha psique é parecido com o efeito temporário que se obtém ficando de cabeça para baixo durante quinze minutos (ou fumando uma ótima Cannabis indiana). Todas as substâncias não tóxicas que aumentam temporariamente o volume de sangue no cérebro devem ser consideradas "psicovitaminas".

Bart Huges tornará público o sucesso de sua operação tirando as ataduras (ao som do rufar de tambores) e revelando aos atônitos presentes seu inquietante terceiro olho; isso, durante happening que marcou época, intitulado *Stoned in the Streets*, em 1964. Entre os que participavam do evento, encontramos duas personagens que alguns anos mais tarde

Filipeta com uma bandeira inspirada na performance de Bart Huges, 1967.

ocuparão lugar de destaque no cenário criativo da Swinging London: Marijeke Koger e Simon Posthuma.

Após terem peregrinado por Marrocos, Ibiza e ilhas gregas, adiantando-se em pelo menos quatro anos às migrações hippies, eles irão se estabelecer em Londres, tornando-se os artistas da corte da aristocracia psicodélica (de Donovan à Incredible String Band, e particularmente dos Beatles, para os quais desenharão os figurinos para Sgt. Pepper's e o polêmico mural para a butique Apple).

Em *Stoned in the Streets*, Marijeke Koger, imaginativa desenhista de moda, considerada "*the hippest chick in town*", irá se exibir na dança dos sete véus, ao fim da qual ficará gloriosamente nua, com o corpo inteiro pintado com cores fosforescentes. Simon Posthuma, que algum tempo antes tinha fundado o movimento Pot Art (sabemos bem a que ele aludia[4]), após ter se despido, mete todas as suas roupas numa máquina de lavar, lavando-as e convidando os presentes a fazerem o mesmo. Entre outros entretenimentos: um desfile de moda em que as modelos apresentam roupas masculinas e os modelos, roupas femininas, um homem vestindo um macacão anti-incêndio mergulha de um trampolim, uma luta de boxe entre dois pugilistas inteiramente pintados de prata, e a destruição de um piano.

O ano de 1964, que fantasticamente se abrira com as loucuras de *Stoned in the Streets*, irá se revelar denso de eventos. Atraídos pela fama que a cidade conquistara no circuito dos happenings, chegam dois exilados esplêndidos, Julian Beck e Judith Malina, do Living Theatre, fugindo da democracia americana, que os colocara na mira (ficarão até 1968). Wolf Vostell organiza um Festival Fluxus, *Sun in your Head*. Chegam os Beatles (junho) e os Rolling Stones (agosto), seus shows são acompanhados por uma zona fenomenal, choques com a polícia, desmaios e delírios variados. Os jovens que acorrem aos shows dos grupos ingleses já estão perfeitamente na mesma sintonia, ou até mesmo um tanto adiantados. Cabelos longos e estilo de vida maluco já eram, como vimos, um patrimônio adquirido pelo cenário criativo de Amsterdã. Além dos artistas, havia os Pleiners, frequentadores

4. Mas, no caso de você não saber, informamos: "pot" é gíria para maconha. Talvez venha de "potiguaya", como os mexicanos chamam as folhas de maconha. (N.E.)

das bibocas que surgiram ao redor de Leidsplein, muito atentos às novas modas, noctâmbulos empedernidos, amantes do jazz e fumantes de erva. E havia os Nozem, desmiolados do centro histórico, delinquentes com casacos de couro com um certo fraco por filmes de caubóis, uma versão bastante aguada dos rockers ingleses ou dos blouson noirs franceses.

O único elemento dinâmico em âmbito político é representado pelo movimento contra as armas nucleares, que surgiu na Holanda paralelamente ao movimento inglês, o English Committee of 100. O ano de 1964 é aquele em que a proliferação nuclear no mundo prossegue num ritmo espantoso, o clube dos países que podem exibir uma bonita ogiva nuclear ampliou-se e, por conseguinte, aumentou o risco de que algum general mais nervoso que os outros aperte o sinistro botão vermelho.

Hoje, é difícil percebermos o profundo senso de angústia e impotência que se podia experimentar diante da "Bomba". Era um sentimento muito mais arrasador que o atual medo desencadeado pela Aids. Pela primeira vez em sua história, o denominado *Homo sapiens* tinha de enfrentar o espectro do próprio desaparecimento e, provavelmente, do desaparecimento do próprio planeta. O mundo tinha se tornado sem fronteiras, mas não no sentido almejado pelo socialismo: as fronteiras estavam demonstrando todo seu absurdo, porque as radiações não se deixariam deter pelos oficiais da alfândega. O medo e a indignação pela "Bomba" foram para muitos, os jovens e os não tão jovens, o elemento desencadeador na formação de uma consciência cívica antiautoritária, "zelosamente alimentada pelas tolices do mundo político e por uma direção militar tão inepta a ponto de se tornar inacreditável" (Richard Neville, *Play Power*).

É incrível pensar que hoje em dia não se fale mais em perigo nuclear. É como se a humanidade o tivesse recalcado completamente. A "Bomba" já não dá manchetes, quase como se fizesse parte das quinquilharias dos anos 1960, como as kombis pintadas com flores e as botinhas à la Beatles. Embora a Guerra Fria tenha terminado, continua sendo espantosamente alto o número de psicopatas mais ou menos integralistas, com "deus a seu lado" e ansiosos por darem uma lição ao próprio vizinho por causa de uma briga por estacionamento.

Seguindo o exemplo inglês das marchas organizadas pela CND (*Campaign for Nuclear Disarmament*), também na Holanda, na primeira metade dos anos 1960, surgem manifestações pacifistas e *sit-ins* contra a Otan e contra a instalação de bases militares americanas, manifestações duramente reprimidas pela polícia (entre os participantes das marchas, estão também alguns dos futuros Provos, como Van Duijn e Stolk).

Após a Segunda Guerra Mundial, os Países Baixos tinham abandonado sua histórica neutralidade, passando a integrar a Otan e se tornando um dos mais fiéis defensores da política exterior americana. Uma fidelidade posta duramente à prova de 1952 a 1956, e por um evento bastante bizarro: o nascimento, dentro da casa real, de uma corrente pacifista e neutralista encabeçada pela própria rainha Juliana (influenciada, como nas clássicas histórias das famílias reais, por uma curandeira paranormal que ela acolhera na corte para curar uma de suas filhas, afetada por uma grave doença). No decorrer de sua visita aos EUA em plena Guerra Fria, a soberana chegou mesmo a defender veementemente a causa da coexistência pacífica, criando um considerável embaraço ao governo holandês. A ala "séria" da família real, encabeçada pelo príncipe consorte Bernardo – bem relacionado com personagens que representavam interesses comerciais e militares dos americanos na Europa –, levou a melhor: a curandeira foi enxotada do palácio real e a rainha, impedida de tornar a vê-la.

Politicamente, imperava um paternalismo sufocante e impermeável às mudanças, representado por um sólido compromisso com as diferentes forças religiosas, econômicas e sociais do país, um sistema muito peculiar denominado "Zuilen", ou seja, uma particular distribuição de todos os postos da vida pública (desde a administração até os meios de comunicação de massa) entre as quatro forças principais do país – as "Quatro Pilastras" (Capital, Sindicato, Católicos e Protestantes) sobre as quais se apoia a sociedade holandesa. Um sistema ao qual faltava uma verdadeira oposição, já que até o Partido Comunista, bem stalinista e conformista ("mais realista que o rei", como se costuma dizer), adaptou-se muito bem. Uma fachada de democracia perfeita, de paz social e liberalidade que logo iria se despedaçar diante das provocações dos Provos, mostrando sua verdadeira estrutura autoritária.

Eis o quadro aproximado da situação no momento em que apareceu a personagem principal de nossa história, um ex-lavador de vidros com uma particular predisposição ao xamanismo.

Desenho de Matteo Guarnaccia.

CAPÍTULO 3

# O MAGO ROBERT JASPER GROOTVELD

ROBERT JASPER GROOTVELD, da turma de 1932, cresceu ouvindo as lições antiautoritárias do pai anarquista, que o alertava contra os verdadeiros inimigos do homem: o K–K–K–K–K (*Kerk*, a igreja; *Kapital*, o capital; *Kroeg*, o bar; *Kazerne*, a caserna, e *Kommenie*, uma importante fábrica holandesa). Em decorrência disso, ele desenvolveu uma profunda consciência social e uma "impossibilidade de ser normal" que, depois de abandonar a escola, o levou a uma vida feita de mil expedientes e trabalhos, culminando num "magnífico emprego como lavador de vidraças".

Após ter ido a Paris num triciclo e ter embarcado como marinheiro num navio cuja rota era a África do Sul, investiu o dinheiro que ganhou vestindo-se como um dândi, desfilando a cada dia uma roupa diferente, ainda que vivesse numa jangada, com a qual percorria incansavelmente o emaranhado dos canais de Amsterdã, valendo-se do auxílio de generosas tragadas de erva em suas explorações.

Repentinamente, enquanto trabalhava como vigia num hospital, teve uma iluminação, no que o ajudou o fato de ter batido a cabeça enquanto se exibia em exercícios de ginástica em cima de uma cadeira com as pernas para o ar, para estimular a circulação do sangue no cérebro, um hábito desenvolvido graças à amizade com Bart Huges, o polêmico defensor da trepanação craniana. Percebe então o absurdo de um mundo que vende livremente os cigarros, propagandeando-os com imagens de mulheres bonitas e de estilos de vida prazerosos, passando por cima do pequeno detalhe: o tabaco provoca câncer. Eis que irrompe em sua vida mais uma letra K (*Kanker*, câncer). Mais: a principal fábrica holandesa de cigarros chamava-se Kerkhof (mais uma vez os "K"!

Robert Jasper Grootveld na K-igreja (o templo antifumo), onde criava seus happenings em 1962. (Foto: Ab Pruis)

"Kerkhof" também significa "cemitério"). Grootveld, que sempre foi um fumante inveterado, decide imediatamente dar início a uma campanha contra o fumo. Mas sem posar de enfadonho fumante arrependido, escoteiro ou dono da verdade. Muito diferente daqueles alucinados integralistas da saúde de nossos dias que, nos Estados Unidos, transformaram os fumantes numa nova raça de párias que, suspeitos de provocar a peste, têm de ser afastados da parte sadia da sociedade.

"Não vou ficar aqui contando-lhes que parei de fumar, e não pretendo que vocês façam isso. Não! Ao me expor, coloco vocês diante do problema, eu sou o problema." Grootveld não para de fumar; ao contrário, aumenta a própria dose diária de cigarros. A única mudança em seus hábitos é que nunca mais comprará um cigarro em sua vida, porque começa a pedi-los aos outros. Pede cigarros o tempo todo, torna-se uma locomotiva alimentada a tabaco. Torna-se "um fanático assistente social", procura acabar com os cigarros de todos aqueles com quem entra em contato, para "esgotar o estoque". O que o deixa enfurecido é o fato de os traficantes da droga legalizada, as grandes companhias americanas produtoras de tabaco, continuarem criando consumidores passivos, controlando, através dos investimentos em propaganda, a imprensa. Tudo isso, com a bênção do Estado.

> Para os peles-vermelhas, fumar era uma intensa tomada de consciência. Para nós, é um passatempo, uma gratificação. Fumar já não é um ritual, mas um ato de comportamento compulsivo. (...) Este pequeno cigarro é um peão da grande organização militar americana, que está por trás da droga e que nos esmagará com seu calcanhar. Os consumidores de nicotina têm de tomar consciência deste perigo.

Sente-se investido de um dever sagrado: torna-se o profeta antifumo. "Naquele dia, decidi combater aquele pequeno cigarro portador de câncer: eu me tornaria um charlatão, um normal e inadequado exibicionista."

O primeiro passo é andar pela cidade, escrevendo com tinta preta em todo cartaz publicitário de cigarros a palavra "Kanker" ou a letra "K". Logo seu exemplo é seguido por imitadores anônimos e, a certa altura, praticamente todo cartaz na cidade ostenta seu inquietante "K" negro. Irritada, a agência de publicidade o denuncia. Grootveld é processado e, não podendo pagar a multa, é condenado a sessenta dias de prisão. Recomeça assim que sai, e mais uma vez é denunciado, condenado, e passa outros sessenta dias na prisão. "Para mim, era uma honra ter ido parar na prisão por uma idiotice daquelas."

Uma vez fora da prisão, percebe com prazer que se tornou uma personagem pública: sua mensagem chegou gratuitamente às páginas daqueles mesmos jornais que publicam, cobrando milhões, as propagandas de cigarros. Sua compreensão das leis que regulam a sociedade do espetáculo se afina. Sentindo-se estimulado em seu lado exibicionista, muito desenvolvido, resolve mirar mais para o alto. Anda pela cidade vestido como um feiticeiro africano de opereta, usando até saia, penacho e cara pintada, recitando feitiçarias contra os produtores de tabaco.

Estamos em 1961, e eis que chega outro "K". Dessa vez, sob a forma do senhor Kroese, dono do restaurante As Cinco Moscas, que concede ao profeta antifumo o uso de um casebre arrebentado nas proximidades de Leidsplein. Grootveld transforma-o em seu K-Temple, a Igreja da Dependência Consciente da Nicotina, onde ele celebra encontros bizarros, cerimônias mágicas, delírios selvagens, e onde qualquer coisa fora do normal é bem aceita. Logo o K-Temple, mobiliado e bizarramente decorado com colagens e cores fosforescentes, torna-se um lugar esotérico de culto para o cenário boêmio da região: as pessoas que o compunham, completamente enfeitiçadas pelo profeta, começam a perder a cabeça, pintando a cara e participando com entusiasmo dos extravagantes rituais semanais antifumo, que consistem essencialmente, segundo os ensinamentos da magia simpática, em grandes defumações, acompanhadas por fórmulas mágicas dirigidas contra os maus espíritos da dependência e do controle. Os mantras preferidos são "Ugge, Ugge, Ugge, Ugge" (um som onomatopeico que, traduzido para o português, poderia soar como "Cof, Cof, Cof, Cof"; o barulho da tosse, para sermos claros) e "Propaganda, propaganda, propaganda, caaaaaaaada vez mais propaganda", mantras que, repetidos num ritmo incessante e em uníssono, provocam um transtorno coletivo. Os jornais começam a tratar do caso, lançando os próprios cronistas à caça de uma "seita antifumo encabeçada por um necromante que era lavador de vidraças".

Entre os entusiasmados visitantes do templo, encontramos Constant, que encontra ali uma confirmação das próprias ideias quanto ao Novo Urbanismo. Para o ex–situacionista, o templo é um exemplo perfeito de "ambiente antifuncional", criado não por necessidade, mas por brincadeira. Um espaço ideal para o *Homo ludens* que se contrapõe radicalmente aos cânones imperantes na arquitetura, na qual, seguindo os princípios "funcionais" de Le Corbusier, continuam sendo impostos espaços concebidos para o homem que tem de produzir.

As atividades do K–Temple prosseguiram em ritmo cada vez mais delirante, até que, em 18 de abril de 1964, alguma coisa sai errado: durante a cerimônia xamanista, completamente chapado e gritando "Este é um momento histórico! Lembrem–se de Van der Lubbe!" (o holandês acusado de ter incendiado o Reichstag), o profeta ateia fogo a uma pilha de jornais encharcados de gasolina.

Foto de Grootveld para uma propaganda. (Foto: Guus Bloissevain)

Logo, o casebre todo é devorado pelas chamas. Hipnotizados pelo gesto e convencidos de que se tratava de um ato ritual corriqueiro, os presentes nem se mexem de imediato. Só quando percebem que o teto está para cair em cima de suas cabeças, resolvem fugir aterrorizados. Para apagar as chamas são necessários dois carros de bombeiros. Grootveld, acusado de incêndio doloso, é processado e posto em liberdade condicional. O júri concede-lhe o benefício da dúvida, pois ele jura solenemente que fora simplesmente um ritual mágico cujo controle escapou de suas mãos.

Mais uma vez fora da prisão, ele torna a celebrar com blasfema desenvoltura suas missas negras no K-Temple semiqueimado, contente pelo fato de que, com o teto furado, terá menos problemas com a fumaça. Ele já é um herói da cidade.

Pouco tempo depois, voltará para a cadeia por quinze dias, porque reapareceram na cidade os "K" nos cartazes publicitários das marcas de cigarro. Logo que sai, exibe-se durante semanas num jogo bizarro que consiste em ir às tabacarias da cidade vestido de mulher e, com displicência, enquanto espera que o atendam, começa a cuidar das unhas, deixando cair no chão o vidrinho de acetona e estragando, desse modo, os voluptuosos aromas do tabaco. Comporta-se como um verdadeiro duende, aparecendo e desaparecendo de forma imprevisível em diferentes pontos da cidade, realizando incursões rapidíssimas.

Mas sua performance favorita continua sendo a do feiticeiro africano: é nesses trajes que faz um discurso incandescente na galeria L.S.D., em Prinsengracht, durante uma mostra de 31 de suas pinturas antifumo.

> O que posso opor ao enorme poder do sindicato da droga legalizada? Apenas um ridículo exibicionismo. Exibicionismo contra o fumo. Necessitamos de mais exibicionistas que protestem contra a dependência da nicotina. O tabaco produz câncer e é por isso que o K-Temple tem de continuar, é um símbolo e um absurdo econômico, pois a nojenta classe média não pode apossar-se disso para ganhar dinheiro. É um símbolo da revolta dos escravos e representa os nicotinistas conscientes. Ugge, Ugge, Ugge (cof, cof, cof).

Em conluio com Bart Huges, lança o *Marihu Project*, um plano estudado para espalhar o caos na cidade e para tirar sarro da polícia. Como vimos, o uso da maconha na Amsterdã daqueles anos já estava amplamente difundido no meio artístico. De resto, não poderia ser de outro modo para um porto que deve grande parte de suas fortunas aos tráficos de todo tipo de especiaria exótica. Em 1964, a imprensa começa a publicar artigos alarmados sobre a difusão da droga entre os jovens, que estariam sendo influenciados pelo mau exemplo dos músicos de jazz. "São atraídos por qualquer tipo de monstruosidade que provenha de Buenos Aires, Port Said ou Pequim. Organizam festas que provocariam rubor num cavalinho de pau. Comem haxixe e fumam ópio. Chegariam a tingir os cabelos de azul, se alguém lhes dissesse que está na moda."

O *Marihu Project* consiste em espalhar pela cidade centenas e centenas de maços contendo baseados, cheios de folhas secas coletadas nos parques, algas, palha, pedaços de cortiça, raminhos e também, naturalmente, maconha. Os maços, esmerados, pintados à mão com desenhos e cores fosforescentes, são enfiados em máquinas automáticas de cigarros, vendidos ou presenteados por aí. Chega mesmo a ser aberto um *Marihu Shop* na casa de Fred Wessel (o mesmo artista que tinha transformado sua casa em pista de patinação).

> *Mari quem? Mari quê? Mari onde? Marihu! Prestem atenção ao Maripatrão! Marihu é qualquer coisa que produza fumaça...* Os verdadeiros tóxicos têm medo dela. (...) As regras do jogo são vagas, pois o resultado desejado é o de produzir o máximo caos, de modo que qualquer um possa tomar a iniciativa. (...) O jogo baseia-se no Sistema Procriativo em Bola de Neve. (...) Cada qual pode melhorar as regras ou omiti-las. Enviem para quem quiser um maço de alguma coisa que vocês considerem ser Marihu. Os participantes do jogo experimentarão um estranho senso de conspiração, uma grande fonte de força nesta cinzenta época de prosperidade. (...) Tudo é Marihu. Fiquem atentos para a falsa Marihu. (...) Cada qual pode fabricar sua Marihu. Entre os diversos tipos de Marihu, recordamos a Marivodu, a Marimonstro, a Maribomba, a Maritabu, a Marihomo, a Marimaumau, a Mariogurte...[5]

5. *Maumau* quer dizer aqui *agitador, combatente*. Tem origem no nome do grupo terrorista que liderou uma rebelião contra os europeus no Quênia (África) na década de 1950. Em alguns dialetos do Piemonte (Itália), a palavra significa também *vagabundo, esfarrapado*. (N.E.)

Grootveld e Huges fazem circular correntes de cartas nas quais estão transcritas as regras do jogo (umas trinta, uma mais delirante que a outra) e um método para calcular a pontuação obtida.

Além dos pontos que podem ser encontrados dentro do pacote de Marihu, os participantes podem obter mais pontos, se forem interrogados pela polícia (10 pontos), se sua casa for revistada (50 pontos), se forem presos (100 pontos) ou se, de vontade própria, fizerem uma visita aos agentes de narcóticos (150 pontos).

Apesar de as regras do jogo serem tão absurdas a ponto de ninguém entender nada, Marihu consegue sucesso imediato. São testemunhas disso as centrais telefônicas da polícia, congestionadas de tantas chamadas de cidadãos anônimos denunciando os próprios vizinhos como usuários de maconha. Os agentes são obrigados a um ritmo de trabalho estressante, as revistas tornam-se cada vez mais frequentes, todas elas, naturalmente, sem nenhum resultado, pois as chamadas são obra dos próprios participantes do jogo, ansiosos por ganhar pontos e provar a emoção de uma irrupção da polícia, que frequentemente se revela um happening melhor do que os que podem ver nas galerias de

A mercearia africana de Grootveld, na casa do pintor Fred Wessel, em Amsterdã, onde era possível comprar os cigarros de Marihu. (Foto: Ab Pruis)

arte. Um funcionário da polícia declara à imprensa: "para nós, a situação começa a se tornar problemática. Sabemos muito bem que no decorrer das reuniões dos participantes desse jogo fuma--se maconha, mas não podemos efetuar uma revista toda vez que somos chamados".

Grootveld e seus sócios divertem-se pra valer, é uma autêntica e ensandecida operação dadaísta. Se é verdade que o profeta antifumo tomou como modelo mais ou menos consciente o dadaísmo, é igualmente verdade que - como afirma Richard Kempton em seu texto *The Provos: Amsterdã Anarchist Revolt* - "conseguiu dar uma interpretação própria, absolutamente magistral e perfeitamente adaptada ao lugar, a Holanda, e ao período, os anos 1960".

Para Grootveld, a reação da polícia é ridícula: "para dar caça a alguns consumidores de erva, uns agentes, 'notórios consumidores de nicotina', efetuam incursões-surpresa, que depois são propagandeadas na imprensa, mediante artigos escritos por jornalistas amiúde alcoolizados e lidos por um público que, por sua vez, é escravo da televisão ou da nicotina. Quem tem direito de dizer ao outro que não deve consumir uma determinada substância?".

Uma tentativa de lançar o *Marihu Project* na Bélgica é impedida pela Interpol, que prende na fronteira aproximadamente vinte participantes do jogo, entre os quais Grootveld, Huges e Wessel, confiscando uma enorme quantidade de Marihu (ervas daninhas e estrume seco). Para o grupo de "nicotinistas conscientes", a operação toda se resolve num happening extraordinário.

De volta a Amsterdã, o incansável xamã pousa seu olho mágico numa minúscula estátua de bronze erigida no centro de uma pracinha, a Spui (mais ou menos a meio caminho entre a praça Dam e Leidsplein), em cujas redondezas, naquela época, concentravam--se muitas das redações dos jornais. A estátua, muito amada pelos moradores de Amsterdã, obra do escultor Carel Kneulman, representa um atrevido "Lieverdje" (um pequeno moleque de rua). Mas tem alguma coisa que faz estremecer e pular o olho mágico: a estátua, como se pode ler na chapa de bronze aplicada no pedestal, é um presente à cidade por parte da Hunter Tobacco Company. Indignado, Grootveld reconhece imediatamente naquela estátua uma miserável e vexaminosa manobra de seus inimigos, visando a promover o vício do fumo por meio de uma pobre e inocente criança transformada em persuasor oculto. Batiza o Lieverdje de "monumento ao insaciável consumidor de amanhã", e depois, já que seu K–Temple está definitivamente fora de uso e a bela estação está começando, decide mudar seus rituais para diante daquele símbolo da escravidão.

De junho de 1964 ao inverno de 1966, todo sábado à noite (exceto por alguma interrupção devida ao mau tempo ou à polícia), o Lieverdje torna-se o fulcro energético de Amsterdã, um ímã místico do qual ninguém consegue escapar. É o Axis Mundi, a Árvore do Mundo, o limiar entre o espaço e a ausência de espaço, entre a multiplicidade e a unidade, o ponto de contato entre céu e terra. Exatamente à meia-noite, Grootveld aparece repentinamente de uma das ruelas que levam ao Spui, ostentando seu cintilante figurino de pontífice psicodélico, e celebra sua cerimônia esotérica, que infalivelmente termina com uma grande fogueira, para exorcizar o corpinho de bronze do moleque possuído pelos maus espíritos das multinacionais e da propaganda.

Semana após semana, os curiosos à sua espera aumentam e logo se tornam uma multidão de milhares de pessoas que, ao soar a meia-noite, invocam seu mago, malabarista, bufão. Ele, erguendo os braços ao céu, grita: "Imagem! Imagem!". E depois,

Grootveld mostra uma de suas pinturas. (Foto: Hans Bruggeman)

tossindo de modo paroxístico, recita: "Um fumante satisfeito é um tranquilo animal de abate! Cof, cof, cof". O mago dirige o jogo, sempre elaborando novos achados para enfeitiçar os presentes, que formam aquilo que, para todos os efeitos, é um círculo sagrado ao redor da Spui.

A função do xamã tem uma finalidade social: com jogos e absurdos, danças e cantos, sacode bruscamente as mentes en-

Grootveld durante um happening ao lado da estátua do "Lieverdje". (Foto: Ab Pruis)

torpecidas, e revela, lembra e celebra o mundo. Papel, plástico, madeira, móveis ou qualquer coisa inflamável que os presentes tragam consigo para alimentar a fogueira que encerra a cerimônia representam a oferta de suas energias individuais para aumentar a energia coletiva.

Os happenings de sábado à noite são verdadeiras sessões terapêuticas selvagens e de massa, que modificam inexoravelmente a percepção da realidade, um processo criativo capaz de desenvolver uma consciência coletiva. Um modelo de des-programação social. O mago antifumo fornece "um sinal, um símbolo, uma advertência, um chamado que não pode ser mal-entendido". Declara oficialmente Amsterdã "Centro Mágico" (um termo afortunado que permanecerá generosamente colado à cidade):

> Assim como acontece com qualquer outra pessoa, eu também fui influenciado por Amsterdã. Não sei se isso se deve a sua louca estrutura circular, delimitada pelos canais, ou sabe-se lá a que mais. Pensem na influência que Amsterdã teve nos Estados Unidos, no Japão ou nos outros polos mágicos de nossa Selva de Asfalto Ocidental. Certo dia, percebi tudo com clareza absoluta: Amsterdã é o Centro Mágico de nossa Selva de Asfalto Ocidental. Logo, centenas, milhares, milhões de americanos, já submetidos à lavagem cerebral, virão aqui. Será como um imã poderoso, capaz de atrair qualquer pessoa...

Grootveld teve uma desconcertante visão daquele que será o futuro de Amsterdã. Viu o Centro Mágico em perene luta contra o Pesadelo Turístico, o Estilo de Vida contra as Férias. Viu aquelas ondas de jovens que, ano após ano, correrão feito salmões contra a correnteza para alcançar a Doce Estância da Mente Coletiva. Uma moderna e alucinada versão das Brigadas Internacionais, que acorrerão de todas as partes para sustentar seu sonho. Viu os corpos abraçados aos sacos de dormir, milhares de sacos de dormir, um grudado no outro, monstruosos casulos tântricos, como uma esotérica congregação de insetos incubada sabe-se lá por qual entidade sobre-humana, juntando-se ao redor do branco lingam da praça Dam.

Enquanto isso, um misterioso sinal esotérico aparece pelas ruas de Amsterdã:

Seu significado é evasivo, fluido e expandido. Há quem o interprete como um coração trespassado, outros como uma daquelas clássicas bombas anarquistas com pavio e tudo, ou como uma maçã bichada... na realidade, o contorno da maçã é o círculo que representa a coroa de canais de Amsterdã, o pecíolo da maçã é o Rio Amstel, o buraco é o centro energético, a pracinha da Spui. Mas também poderia representar um cérebro, com a medula espinhal pendurada, e o buraco poderia ser o furo que Bart Huges trepanou em sua caixa craniana. O fato é que este símbolo se tornará o brasão do produto daquela polinização cruzada que tem lugar diante da estátua do Lieverdje: os Provos (tenham calma, daqui a pouco chegamos lá...). Roel Van Duijn, um dos pais do movimento em gestação, repisando mais e mais o significado esotérico do símbolo, o relaciona com o sinal que apareceu durante o banquete de Baltazar, rei da Babilônia, que a Bíblia descreve no Livro dos Profetas (Daniel 5, 5:8):

> No mesmo instante, apareceram uns dedos de mão de homem, que escreviam, defronte do candeeiro, na caiadura da parede do palácio real; e o rei via os dedos que escreviam. Então, mudou-se o semblante do rei, e seus pensamentos o perturbaram; as juntas de suas costas se amoleceram e seus joelhos batiam um no outro. O rei ordenou em voz alta que mandassem vir os encantadores, os adivinhos e os astrólogos; e, assim que chegaram, lhes disse: "Quem quer que leia esta escrita e me declare seu significado será vestido de púrpura, trará um colar de ouro ao pescoço e será o terceiro no meu reino". A escrita foi então interpretada pelo profeta Daniel: "Isto é - ele disse - o que se lê no escrito: Mene, contou Deus o teu reino e deu cabo dele. Tequel, pesado foste na balança e achado em falta. Peres, dividido foi o teu reino e dado aos medos e aos persas".

Para Van Duijn, Babilônia é a velha cidade do capitalismo, a mão misteriosa é a do provotariado (termo que, daqui a pouco, lhes será mais familiar) e Baltazar representa a autoridade que, cheia de inquietude, estremece quando vê nos muros de Amsterdã o sinal de advertência.

Os tempos urgem, o alinhamento vibratório está quase completo, a lei da

Grootveld durante um happening.
(Foto: Cor Jaring)

excentricidade está para agir, inexoravelmente... O Chapeleiro Maluco é ofuscado por uma visão e introduz em suas cerimônias um novo mantra-sermão: "Klaas está para chegar!" Ei-lo que evoca um novo "K" durante seus exorcismos, e já sabemos que Grootveld não é um ingênuo.

> Magia significa simplesmente poder. Necessitamos de poder para realizar nossas ações. Chamaram-me de mago. Sim, "mago" é uma palavra que me cai bem. O mago é uma pessoa que faz acontecer coisas. (...) A coisa mais importante para mim é evocar o poder dos nomes. Acredito que quando evocamos um nome, mais cedo ou mais tarde alguma coisa há de acontecer. Acontecerá tudo de repente. Em algum lugar se formará uma concentração de nomes, e esta provocará o desencadeamento de uma nova história, alguma coisa acontecerá, alguma coisa se desenvolverá. (...)

Ora, Klaas é a variante holandesa do nome Klaus ou Claus. Santa Claus (Papai Noel) é o xamã desafinado que voa num trenó puxado por renas, cuja roupinha lembra de modo inquietante o chapéu vermelho do cogumelo *Amanita muscaria*, que o cristianismo procurou apagar sobrepondo a ele a figura de São Nicolau (que, aliás, é também padroeiro de Amsterdã). Grootveld compreendeu que logo Amsterdã seria chamada a desempenhar um papel-guia na evolução do planeta, logo chegariam à cidade magos e profetas do mundo inteiro, para empreender projetos novos e originais voltados a exorcizar as forças maléficas da Selva de Asfalto do Ocidente. Batiza a mágica caravana com o nome coletivo de Klaas, e começa a escrever nos muros "Klaas está para chegar!"

Durante as cerimônias de sábado à noite, dá indicações precisas sobre o futuro da cidade. A "nauseabunda classe média, composta de Abomináveis Homens de Plástico" teria de ser enxotada do centro histórico e mandada para a periferia. As casas vazias ficariam à disposição dos profetas, como representantes das forças primitivas de todas as culturas. Toda casa do Centro Mágico teria um porão onde tocar jazz, "porque uma *swinging town* como a nossa tem de oferecer aos músicos de jazz a possibilidade de fazerem suas coisas". A chegada dos profetas tornaria Roma instantaneamente supérflua, porque Amsterdã se revelaria mais universal que o Vaticano.

O papel de Grootveld seria o de um novo João Batista, que prepararia as massas para a chegada de Klaas. Porque com Klaas as coisas mudariam.

> Na Europa, já temos de tudo: televisão, liquidificadores e motocicletas. Já que na China eles ainda não têm liquidificadores, seu único objetivo é o de os terem o quanto antes. Quando chegamos a possuir tudo, eis que inesperadamente chega uma espécie de vazio. Isso pode ser resolvido com a figura de Klaas, que está para chegar. Por sorte, ainda não sabemos quando chegará, por isso temos algo pelo qual esperar, algo pelo qual vale a pena viver. Não, eu não sou o verdadeiro Klaas. Sou apenas um pobre exibicionista que continua demonstrando sua impotência.

## CAPÍTULO 4

# O K DECISIVO

"KLAAS VIRÁ! KLAAS ESTÁ PARA CHEGAR!" E as pessoas começam, curiosas, a olhar ao redor, já sabem que podem esperar qualquer coisa de Grootveld. O profeta já indicou que Klaas chegará do sul. Talvez de trenó? E irá se materializar ao lado da estátua do Lieverdje? Chegará a bordo de um disco voador?

O certo é que, em 28 de junho de 1965, "Klaas" chega de fato, e chega justamente do sul (embora seja um sul não muito distante): chama-se Claus. Claus von Amsberg é um fascinante diplomata alemão que, durante a Segunda Guerra Mundial, com apenas dezessete anos, servira nas fileiras do exército nazista. Mas é, acima de tudo, o homem que a herdeira do trono da Casa Real de Orange, a princesa Beatriz, escolheu secretamente para desposar. Uma escolha desatinada para uma monarquia já em si pouco amada, que encontrara um único momento de coesão com o país durante a Segunda Guerra Mundial, graças ao prestígio da rainha Guilhermina, elevada à condição de símbolo da resistência contra o invasor nazista. Esse não era o primeiro deslize dos Orange[6]. Já no ano anterior, a princesa Irene, irmã de Beatriz,

6. Família real holandesa. (N.E.)

tinha tomado a impopular decisão de celebrar suas núpcias com o príncipe Hugo de Bourbon-Parma, pretendente ao trono da Espanha: homem de direita e católico (a opinião pública holandesa não via com bons olhos a Espanha franquista). Para se casar, a princesa tivera de abandonar a igreja protestante, à qual, por tradição constitucional, os membros da Casa Real têm de pertencer – uma cláusula que derivava da luta de independência contra o desastrado domínio da catolicíssima Espanha, no século XVI. Ao se casar, a princesa Irene tivera de renunciar a qualquer direito ao trono, para si e para seus herdeiros.

Eis que, após esse precedente pouco feliz, outra herdeira ao trono escolhe um pretendente cujas nacionalidade e história pessoal certamente não contribuem para criar um clima relaxado entre a monarquia e o povo, que ainda não esqueceu (e lembra com raiva) as páginas dramáticas de uma história ainda demasiado próxima. A ideia de um ex-soldado nazista como príncipe consorte da futura rainha parece, no mínimo, politicamente inoportuna.

Mas, graças a um habilidoso e paciente trabalho de acordos entre forças políticas, levado a cabo nos bastidores, e de tratativas subterrâneas das quais a opinião pública fica de fora, rapidamente as coisas se acertam. De resto, no campo político, a Holanda é desde sempre o país dos compromissos e, nessas ocasiões, comporta-se como se comportaria uma clássica família burguesa: com uma boa dose de salutar hipocrisia. As primeiras reações negativas da opinião pública abrandam-se, auxiliadas por uma espécie de autocensura por parte dos órgãos de informação, que, após um momento inicial de furor, repentinamente param de fazer qualquer menção crítica ao casamento. À parte o pequeno Partido Socialista Pacifista, alguns expoentes da velha resistência e dois ou três jornais de tendência socialista, a maior parte do país parece já ter aceitado o fato. Mesmo aqueles poucos que se opõem ao casamento acabam reconhecendo a amabilidade do noivo, que com frequência cada vez maior aparece nos jornais, agradando criancinhas. Em prazo recorde, o parlamento dá sua aprovação ao matrimônio e concede a naturalização a Claus von Amsberg (apenas o Partido Socialista Pacifista se posiciona contra o fato, ao passo que o Partido Comunista, por motivos de conveniência política, se abstém).

Quando, em 28 de junho de 1965, anuncia-se oficialmente o casamento, o prestígio pessoal de Grootveld está atingindo os píncaros: "Klaas-Claus" chegou de verdade! Não é exatamente como as pessoas esperavam, mas chegou. Se o noivo se chamasse Hans, Fritz ou Helmut, talvez as coisas tivessem tido um andamento diferente, os Provos nem teriam nascido, o profeta antifumo teria parado de realizar seus happenings, os desocupados teriam encontrado outros passatempos, os jovens teriam se embalado no confortante e tóxico abraço da sociedade de consumo... mas, nos anos 1960, o planeta fora carmicamente programado para se dar uma sacudida, e Amsterdã é o primeiro lugar em que se manifesta um extravagante alinhamento de forças cósmicas. De resto, entre todas as aglomerações urbanas do Ocidente, a cidade é a que manteve as próprias antenas energéticas constantemente sintonizadas no programa evolutivo. Estava escrito que cabia a ela captar, decodificar e retransmitir, pela banda de vibrações preferencial, determinados sinais, compreensíveis apenas a iniciados. Eram os sintomas da Nova Consciência que, dali a pouco, estimulando propositadamente hormônios e neurônios, arrancaria os jovens de suas casas, fazendo-os correr como em transe planeta afora, com cabelos compridos, aprendendo a questionar o poder. O Centro Mágico tinha de cumprir sua missão impossível e, àquela altura, já se alinhavam no palco todos os personagens, prontos para a representação.

*"Do you believe in magic?"*

Agora chegou o momento de vermos mais de perto os participantes dos Sabás noturnos da Spui, afagados, provocados, enfeitiçados ou simplesmente instigados em sua curiosidade pelo Chapeleiro Louco.

Entre os que intervieram, fazem bonito os Nozem, os pequenos vândalos dos bairros populares ao redor do porto, em busca de novas emoções; jovens conspiradores e anárquicos que não sabem explicar aquelas reuniões cada vez mais numerosas, frustrados pelo fato de suas iniciativas revolucionárias não conseguirem obter o mesmo sucesso; os Pleiners, veteranos de mil happenings, mostras, shows de jazz, leituras intelectuais e baseados, já acostumados às esquisitices do mago; e, depois, toda aquela fauna formada por artistas, exibicionistas, beatniks, estudantes que largaram a escola, marginalizados felizes, degustadores de LSD, sonhadores, vagabundos e poetas, que desde sempre constituem o ingrediente básico de toda revolução.

Na Spui, manifesta-se pela primeira vez o *Homo ludens* descrito em 1938, num estudo que carrega o mesmo nome, obra do historiador holandês Johan Huizinga. Quem participa dos happenings está percebendo que o jogo "enfeita a vida, completa-a e, como tal, é indispensável. É indispensável para o indivíduo como função biológica e para a coletividade pelo sentido que contém. (...) Pertence a uma esfera superior àquela estritamente ideológica do processo alimentação-acasalamento-defesa" (como são espertos esses holandeses!). A partir das cerimônias do mago antifumo, já vai começando uma irreprimível mutação espiritual e neurológica.

Eis como o escritor Harry Moulisch descreve a situação: "enquanto os pais - sentados em geladeiras e máquinas de lavar, com um liquidificador elétrico numa das mãos e *De Telegraaf* (o diário sensacionalista e hiperconservador de Amsterdã) na outra - assistem à TV com o olho esquerdo e controlam seu carro na ruela diante de casa com o olho direito, seus filhos, aos sábados à noite, dirigem-se para a Spui".

Happening dos Provos ao lado da estátua "Lieverdje". (Foto: Alg. Holl. Fotopersbureau)

Mas, para tornar perfeita a mistura energética que dará vida ao Provo, falta o ingrediente decisivo: a polícia. Passado o primeiro momento de espanto e transtorno, as autoridades, escandalizadas, resolvem entrar em ação. De resto, como pode um poder qualquer, em qualquer latitude, por mais bondoso e paternalista que seja, permitir que pessoas se reúnam pelo simples prazer de estarem juntas, sem um líder, um padre, um funcionário de partido para dirigi-las e, sobretudo, sem pagarem ingresso, sem consumir?

As pessoas dos happenings compreenderam também (sem ler Huizinga) que "todo jogo é, antes de mais nada e sobretudo, um ato livre. O jogo comandado não é mais jogo. Na melhor das hipóteses, pode ser a reprodução de um jogo".

O poder, sabemos, tem alergia aos profissionais liberais do espírito. É a clássica reação da "estúpida classe média, o rebanho incolor que, quando sente ameaçada de perto a própria mediocridade, chama imediatamente os au-au a seu serviço, os protetores em coturnos" (Bernhard De Vries).

Eis mais uma vez a prova - caso dela tivéssemos necessidade - de que, quando a arte deixa de ser uma decoração e se torna uma expressão de independência e de alegria de viver, inevitavelmente entra em rota de colisão com a autoridade constituída.

Aconteceu, assim, que todo sábado à noite as ruelas do centro eram revistadas pelos carros da polícia, anunciando com seus alto-falantes: "o happening foi proibido! Hoje à noite não haverá happening nenhum!"

Naturalmente, tais exibições produzem o efeito contrário: graças à polícia, mesmo os desocupados que não sabem de que modo passar a noite dirigem-se para a Spui. Entre as pessoas que o flautista desviou das próprias ocupações ou tirou das tocas das próprias casas para se reunirem ao redor da estátua como moscas em cima do mel, um jovem barbudo logo chama a atenção: Roel Van Duijn, ávido leitor de Bakunin e de Steiner, vindo de Haia e, como todo bom anarquista que se preze, trazendo na cabeça a ideia fixa de incitar as massas e começar uma revolução.

> Em Bakunin, eu tinha lido que a primeira coisa a fazer quando se chega a uma cidade nova é ir ter com o bobo do lugar, que sempre é a pessoa mais informada e confiável. Segui seu conselho e topei com Grootveld.

Roel Van Duijn, nascido em 1943, crescido numa família de seguidores do pensamento teosófico, ex-estudante de filosofia, é um extraordinário e brilhante ideólogo anarquista. Participou do movimento antinuclear, do qual, no entanto, se desligou ao achar que havia chegado a uma estagnação. Junto com Rob Stolk - operário e ativista pacifista nascido em 1947 e dotado de muita imaginação -, Van Duijn publica em abril de 1965 um jornalzinho mimeografado, *Barst* (A Explosão), no qual, em carta aberta à B.V.D. (uma espécie de FBI holandês, definido por Harry Moulisch como uma "Gestapo de tamancos de madeira"), podemos ler palavras como estas:

> Temos de construir um mundo em que palavras como trepar, boceta, camisinha e puta que pariu se tornarão palavras de uso comum, ao passo que termos como guerra, violência, exército, apartheid, discriminação, disparidade social, bolsa de valores e religião serão consideradas as palavras mais sujas que a humanidade conhece.

Na primeira vez em que a palavra PROVO, abreviatura de "provocador", aparece em público, ela apresenta um significado

O ideólogo dos Provos, Roel Van Duijn, fala durante um encontro. (Foto: Koen Wessing)

muito diferente daquele que assumiria mais tarde. Aparece num estudo sobre desvio do comportamento juvenil apresentado pelo doutor Wouter Buikhuisen na Faculdade de Sociologia da Universidade de Utrecht, em janeiro de 1965.

O trabalho, intitulado "Causas do comportamento dos jovens difíceis", era o resultado de uma meticulosa pesquisa de campo de cinco anos entre as gangues juvenis das grandes cidades holandesas. Na classificação inventada pelo estudioso para descrever os diversos grupos e subgrupos, encontramos os denominados Provos, ou seja "Nozem de rua", jovens proletários que se destacam pela absoluta falta de interesse com relação à política e à cultura, não têm nenhuma aspiração, recusam o trabalho, vivem do subsídio aos desempregados e cujos atos de agressividade e vandalismo são motivados essencialmente pelo tédio. Se provocam os bons cidadãos e os tutores da ordem, não o fazem por estarem insatisfeitos com o andamento das coisas, mas simplesmente porque não têm nada melhor a fazer.

O estudo de Buikhuisen cai diante dos olhos de Van Duijn, que, com o amigo Stolk, está desesperadamente à procura de um título para um novo jornal anarquista a ser distribuído em Amsterdã: de imediato, a palavra Provo lhe soa perfeita, visto que sempre considerou o cenário dos Nozem um solo fértil para a difusão do pensamento anarquista. Apesar de seu caráter pessimista, está plenamente convencido de que a rebeldia instintiva dos pequenos vândalos de rua poderia, sob condições particulares, transformar-se em deliberada resistência anarquista. De seu lado, Van Duijn está se empenhando ao máximo para que essas condições particulares apareçam o mais cedo possível.

> Tomamos o nome de Provo porque temos de nos basear no potencial revolucionário dos Nozem, canalizando seus sentimentos agressivos para uma força revolucionária consciente. Também os representantes mais conscientes da juventude, como os estudantes, têm de se tornar Provos, provocar as autoridades, o estado, a propriedade privada, os grandes magnatas cheios de poder, o militarismo e a bomba. Neste particular período histórico, os anarquistas têm de se tornar Provos. Não podem mais ter esperança numa revolução: a única arma que lhes restou é provocar as autoridades.

A partir de maio de 1965, Van Duijn e Stolk tornam-se frequentadores das cerimônias do profeta antifumo: percebem perfeitamente que as pessoas que delas participam têm um grau de consciência muito elevado, e que o evento tem um significado social explosivo. É algo único no panorama conformista e conformado da sociedade do bem-estar holandês. É justamente no interior desse cenário que começam a distribuir os primeiros panfletos anunciando o iminente lançamento da revista mensal *Provo*.

> Caros companheiros:
>
> O movimento contra a bomba, que parecia o único elemento dinâmico da esquerda holandesa, meteu-se num beco sem saída. Os grupos que lutavam para que as armas nucleares fossem banidas abandonaram seu trabalho. (...) O comitê pela paz e o comitê popular parecem já incapazes de atrair novos apoios e encontram-se isolados.
>
> A marcha anual que atravessa Amsterdã e acontece com penosa regularidade vê-se agora transformada num ritual sem sentido, mal servindo para manter viva a chama.
>
> A esquerda holandesa, antes de perder completamente sua força de atração, deve tentar novos caminhos para a obtenção de resultados concretos. Nossa opinião é a de que a dissidência não violenta poderá ser valiosa, poderá ajudar nossos objetivos apenas se generalizada.
>
> Quando slogan e gestos já não conseguem nenhum resultado, é preciso passar à ação e ao ataque. Acreditamos que só o movimento revolucionário de esquerda pode produzir uma mudança!
>
> O movimento anarquista holandês está definhando desde o final da guerra. Queremos renovar o anarquismo e difundir sua palavra, especialmente entre as novas gerações.
>
> De que forma? Com um *Provo*, que sairá mensalmente a partir de julho de 1965.
>
> *PROVO* é uma nova revista (como se não houvesse revistas em profusão). De todo modo, é a única a opor-se radicalmente a esta sociedade. Por quê?
>
> – Porque esta sociedade capitalista está se envenenando sozinha com sua mórbida sede de dinheiro. Seus membros são levados a adorar o Ter e a desprezar o Ser.
>
> – Porque esta sociedade burocrática está se sufocando sozinha com o conformismo e suprimindo toda forma de espontaneidade. O único modo pelo qual seus membros podem se tornar

criativos e desenvolver a própria individualidade é através de uma conduta antissocial.

- Porque esta sociedade militarista está cavando o próprio túmulo sozinha, fabricando paranoicas armas atômicas. A única perspectiva de seus membros é a morte por radiações atômicas.

*PROVO* tem de escolher entre uma revolta desesperada e uma derrota trêmula. *PROVO* estimula a rebelião, onde quer que seja possível. *PROVO* sabe que no fim perderá, mas não pode deixar escapar a possibilidade de provocar toda esta sociedade pela quinquagésima vez. *PROVO* reconhece no anarquismo uma fonte de inspiração. *PROVO* quer renovar o anarquismo e levá-lo aos jovens.

Nossa revista conterá artigos muito variados, atualidades e provocações contra a classe dominante; também publicaremos números especiais dedicados a temas específicos, tais como:

- O que é o anarquismo
- Sade
- Dadá
- Militarismo e exército holandês
- Prostituição
- Revolta e condições de vida no Jordaan
- Etc.

*PROVO* tomará a iniciativa de todo tipo de ação direta. *PROVO* quer reunir a seu redor um cerne resistente de juventude anarquista. *PROVO* está pronto para cooperar com outros grupos anarquistas.

Além disso, *PROVO* produzirá regularmente folhetos intitulados *Provokaties*, número 1, 2, 3 etc.

DEEM-NOS UMA CHANCE!

Não conseguiremos fazer nada do que dissemos sem a ajuda de vocês. Necessitamos desesperadamente de muitas centenas de florins para levantar *PROVO*. Para estudantes sem um tostão como nós, os custos de impressão do primeiro número, mais os envios, propaganda, cartazes etc. são realmente altos.

Portanto, pedimos a vocês, gentil mas PROVOcativamente: mandem um montão de dinheiro o mais cedo possível para nosso endereço administrativo. (...)

A primeira iniciativa PROVO são os folhetos assinados *Provokatie* (provocação), que não encontram grande sucesso de início. Depois, quando começam a atacar o noivo Klaas-Claus com espertezas, finalmente conseguem atingir o alvo (*Provokatie* número 3: "Claus von Amsberg, persona non grata – sinais de nascença: loiro, óculos pretos, tipo alemão, 38 anos, diplomata, (ex?) fascista".

Um dos métodos criativos adotados por esse misterioso grupinho anarquista para distribuir seus panfletos é o de escondê-los entre as páginas dos jornais matutinos, particularmente dentro do diário sensacionalista de direita, o *De Telegraaf*, que em seguida dará início a uma feroz e sistemática campanha de imprensa contra os Provos. Olaf Stoop, um membro do grupo que trabalha na banca do aeroporto de Amsterdã, é surpreendido enquanto "prepara" cópias do *De Telegraaf* com panfletos antiClaus, e é imediatamente despedido. A notícia, publicada com grande ênfase pelos jornais, fornece a primeira e necessária propaganda para os Provos. (Lembramos que Olaf Stoop, após sua "militância" entre os Provos, continuou desempenhando um papel de ponta no cenário underground holandês, fundando em 1967 a revista *Wittie Krant* – a Gazeta Branca – e, nos anos 1970, a *Real Free Press*, a mais importante agência de distribuição de material underground de toda a Europa.)

Grootveld logo se mostra interessado na atividade do grupinho, que já aparece regularmente em suas cerimônias. As ideias anarquistas lembram seus pais e, além disso, acha muito apropriado o fato de que Provo apele para a classe ociosa, em vez de recorrer à classe trabalhadora. Entre os "conspiradores" e o mago manifesta-se imediatamente uma química perfeita: ele encontrou aliados preciosos para a realização da profecia do Centro Mágico.

E é justamente no Centro Mágico que, estupidamente, a princesa Beatriz expressa a vontade de se casar. Há um pequeno detalhe que a noiva real deixou de considerar: Amsterdã, além de ser a cidade menos fiel à monarquia, ainda não esqueceu seus 103 mil cidadãos de fé judaica deportados para os campos de concentração pelos nazistas. As feridas da guerra ainda não cicatrizaram.

Com ainda menos sabedoria, o governo atende ao desejo da princesa. Aceita tranquilamente a proposta e, para não quebrar a cara e ficar desacreditado, teima nessa escolha, mesmo quando começa a crescer na cidade o mau humor em relação à decisão.

Os três rabinos chefes, falando em nome da comunidade judaica de Amsterdã, dezoito dos quarenta e cinco vereadores e a associação estudantil declaram-se firmemente contrários à decisão do governo, considerada uma grave falta de tato diante do doloroso passado da cidade.

Em 3 de julho de 1965, a princesa chega à cidade para apresentar seu noivo aos cidadãos. Na noite anterior à visita, a polícia dá provas de falta de inteligência, prendendo sete pessoas que, em protesto silencioso, haviam depositado flores diante do monumento à Resistência, na praça Dam. No dia seguinte, os agentes agem com dureza contra os que expõem a bandeira nacional arriada, ao longo do percurso oficial. O nobre casal cumpre sua visita à cidade circulando pelos canais a bordo de uma daquelas clássicas lanchas turísticas abertas. A aristocrática visita não obtém o mesmo sucesso que, no ano anterior, Amsterdã concedera a quatro plebeus estrangeiros (que, a bem da verdade, logo se tornariam barões): os Beatles. A multidão não delira, não festeja. A cidade não parou, ninguém se joga nos canais para tentar alcançar a nado o barco no qual estão sentados em pose real a princesa Beatriz e Claus von Amsberg, bem ao contrário do que acontecera durante a visita de Paul, John, George e Ringo.

De uma das pontes sob as quais passa o "principesco" barco a motor, alguns Provos lançam cópias de *Provokatie* número 3 sobre as cabeças dos noivos, gritando "Claus Raus!" ("Fora, Claus!"). É o início oficial das hostilidades.

CAPÍTULO 5

# AS BICICLETAS PINTADAS DE BRANCO

OS JOVENS AGITADOS/AGITADORES, decididos a provocar o sistema e a assumir (à revelia) o papel de sábios grilos falantes perante uma sociedade de Pinóquios, entorpecida pelo consumismo, têm a sorte de encontrar em seu caminho, como representantes das autoridades, uma série de personagens sem o menor bom senso. Desde o primeiro-ministro Cals, que teima em querer que a cerimônia real se realize, a todo custo, em Amsterdã (se a cerimônia fosse realizada em Haia, não teria havido problema nenhum), passando pelo miopíssimo prefeito Van Hall, do qual depende o rigidíssimo chefe de polícia Van der Molen, que de pronto escolhe agir com extrema dureza. A fila de estúpidos segue até chegar ao último dos policiais – todos impacientes por dar uma boa lição àqueles moleques de cabelos compridos em busca de encrencas.

(A polícia de Amsterdã sempre tivera a indiscutível fama de ser particularmente babaca e pouco afeita ao diálogo. A imagem que oferecia era bastante impressionante, "teutônica", o uniforme impecável, sabres, longas botas pretas e brilhantes, cachorros rosnadores: uma perfeita representação do poder e da autoridade, capaz de incutir medo, mas não respeito. Além disso, em diversas ocasiões, os gigolôs do porto ficaram do lado da polícia, na tentativa de conter o excesso de exuberância dos Nozem, prejudicial aos negócios.)

Mas arrebentar de pancadas aqueles garotos que se juntam teimosamente ao redor do Lieverdje deixou um gosto estranho e amargo na boca dos guardiões da lei. Que diabos! Não respeitam as regras, não se comportam como manifestantes normais, não arremessam pedras nos policiais nem os agridem, como acontece desde que existem policiais e manifestantes. Não fogem amedrontados, não há no ar aquela excitante presença da adrenalina emitida pelos animais apavorados. Chegam até a fazer uma roda em torno de uma das polícias mais torpes da Europa. É irritante ser recebido com risadas e chacotas, vê-los aceitando os golpes de cassetete sem reagir e, ademais, deixando-se levar embora sem opor resistência. Os Provos transformaram as ruas de Amsterdã num palco de comédias. Juntam-se, provocam e, depois, dispersam-se, para tornar a se juntarem alguns quilômetros mais adiante, perseguidos por policiais que, de impecáveis exemplos de eficiência nórdica, transformam-se em imitadores dos ridículos Keystone Cops. A autoridade dos que zelam pela ordem esmigalha-se aos olhos dos habitantes de Amsterdã. A polícia perde a cabeça e não consegue compreender nada: já não dita as regras.

Enquanto isso, *Provokatie* número 3 é apreendido (e seus redatores são obrigados a pagar uma multa exorbitante por terem usado sem permissão uma foto do noivo). Em 12 de julho, sai o primeiro número do jornal *Provo* (quinhentas cópias mimeografadas) e tem sorte idêntica, dessa vez por terem sido publicadas, de brincadeira, algumas complicadas (e duvidosas) instruções para a fabricação de explosivos, copiadas de um velho panfleto de 1910, *The Practical Anarchist* ("o estouro e o cheiro serão suficientes para transformar repentinamente um desesperançado leitor burguês num convicto terrorista anarquista").

Três Provos são detidos e interrogados pela polícia durante dois dias seguidos. Nunca se sabe... Afinal, são anarquistas, e sabemos que os anarquistas sempre tiveram uma predileção especial por atentar contra a vida de soberanos... E é preciso dizer que esses anarquistas são privilegiados: têm a grande sorte de viver num dos poucos países do mundo em que esse animal em extinção chamado monarquia institucional ainda não foi extinto, mas sobrevive.

Capa do número 6 da *revista Provo*, em que está representado o efeito deletério da fumaça dos automóveis.

Aumentando a dose, Rob Stolk publica num jornal humorístico estudantil treze receitas para fabricar em casa "bombas para assustar os Orange", desde a "bomba Ravachol" até a "bomba Cordier".

Isso tudo dá ainda mais publicidade aos Provos. Eles compreenderam que, no mundo moderno, o instrumento de luta mais temível já não é a dinamite, mas a imaginação. Com a imaginação, é possível arrebentar os planos de controle social, expor o verdadeiro rosto da benévola sociedade de consumo, cutucar e ridicularizar o poder, reivindicando o direito de todo ser humano a gerenciar a própria vida. Um único artigo nos jornais vale milhares de manifestantes pelas ruas. Obter o máximo resultado com o mínimo esforço.

Os Provos se movem feito peixes na água no Centro Mágico, alimentados pelas cerimônias ao redor do Lieverdje, ao qual sua presença veio acrescentar um elemento "político". Com eles, o que era uma subcultura torna-se, pela primeira vez, contracultura. Sua guerrilha místico-artística é exemplar, propondo uma doce ideia de gestão da vida cotidiana.

Ao lado dos feitiços antifumo e antiClaus, não tardam a ressoar na Spui os anticarro ("Bram, Bram, Bram, Braaam", a ser recitado tossindo). Para pessoas preocupadas com a qualidade e não com a quantidade de vida, pessoas que se sentem como "ciclistas numa rodovia", o automóvel logo se torna um alvo inevitável. O K de *kanker* começa a aparecer também nos cartazes publicitários das fábricas de automóveis.

Nos anos 1960, lutar contra o automóvel era algo inédito, uma blasfêmia contra "as maravilhas do progresso". Em pleno *boom* automobilístico, a tribo da Spui tem a clarividência de recusar o culto às quatro rodas e de propor a bicicleta como santo instrumento tribal.

Para os seguidores das cerimônias celebradas pelo profeta antifumo, o fato de a polícia mantê-los sob estrita vigilância só por tentarem confraternizar-se fora dos esquemas estabelecidos - mas permanecendo absolutamente indiferente às atividades antissociais e aos comportamentos perigosos de outra gangue de rua: a dos motoristas - é mais um motivo para não confiarem nas autoridades. Os motoristas agem com arrogância porque sabem que indústria e polícia estão do seu lado, podem levar a cabo seus crimes porque têm certeza de que terão respaldo. São consumidores hidrocarburodependentes, mimados pelos traficantes de petróleo: as companhias petrolíferas, que criam e moldam governos, estilos de vida, espaços urbanos e paisagens geográficas conforme suas necessidades. As companhias petrolíferas e os hidrocarburodependentes estão empenhados em criar um mundo em que ir ao trabalho, à escola, fazer compras ou divertir-se sem sentar a bunda num automóvel e sem deixar uma pequena oferta em dinheiro à indústria se tornará impossível. Os motoristas utilizam um meio de transporte socialmente irresponsável e irracionalmente legal, que todo ano lança na atmosfera uma quantidade de substâncias poluentes equivalente a seu peso. Em 1965, uma estatística revelava que 74,1% das vítimas de acidentes de automóvel eram pedestres "sacrificados em nome do Santo Automóvel".

Num contexto histórico em que cada homem no planeta almeja suas fedorentas quatro rodas, no mesmo ano em que as massas automobilísticas têm o seu *velocino* de ouro para adorar (um Aston Martin DB5 dourado, presente em meio ao hardware do delírio fetichista macho-alcoólico-nicotínico de James Bond, o "agente secreto com licença para matar", em *Goldfinger*) - eis que aparecem esses gozadores, que ousam zombar do símbolo do crescimento econômico, o dogma indiscutível. Reivindicando o direito de andar pela cidade sem serem ameaçados fisicamente por um bando de psicopatas agressivos, trancafiados numa peidorrenta caixa de ferro. E reivindicam, sobretudo, o direito e o prazer de não seguirem os modelos de consumo, de não consumir.

A bicicleta Provo é a reencarnação do cavalinho de pau dos dadaístas. Mas, do ponto de vista mítico, a bicicleta é muito mais: é um instrumento primário de iniciação, da passagem da experiência por parte do "ancião" amoroso. Pensem bem: jamais alguém que nos queira mal poderá nos ensinar a pedalar. Como em toda iniciação que se preze, há perda de sangue, e a ferida que marca a distinção (os joelhos ralados e as mãos arranhadas). E a maravilha de perceber o próprio corpo entrando em modo automático, superando o embaraço inicial dos novos movimentos, zac! A consciência repentina de que o verdadeiro equilíbrio está antes no movimento, do que no estatismo. A renovada intimidade com nosso sistema neuromuscular auxiliada pela oração chiante das rodas no asfalto. Uma meditação tubular completa, em contemplação ativa, entre a paisagem parada e o fluxo do trânsito, os quais, enquanto você está pedalando, trocam de papéis: em movimento a primeira e congelado o segundo. Assim como nadar e fazer amor, andar de bicicleta está programado em algum ponto de nossos genes: uma vez que se aprendeu, é impossível esquecer. O modelo nunca ultrapassado do deslocamento socialmente responsável, sem desperdício de recursos, não estressante e, como se não bastasse, divertido.

O grau de civilização de um país é diretamente proporcional ao respeito que ele tem pelos próprios ciclistas. Andar de bicicleta não implica nenhuma estúpida exibição de poder, requer apenas otimismo e coragem (ficar de costas para os automóveis é um verdadeiro ato de fé, tarefa de nosso guerreiro interior). Alfred Jarry e sua patafísica e cintilante bicicleta de corrida. Albert

Hofmann e a enfeitiçada pedalada de 1943. Veículo igualitário, propiciador da intimidade (nunca deram carona no cano para ninguém?), a bicicleta é a granola dos meios de transporte. Se os povos pré-colombianos ignoravam a roda para os deslocamentos, só a utilizando para os brinquedos, se os tibetanos a concebiam exclusivamente para seus instrumentos de oração, a bicicleta é a síntese esplêndida das utilizações possíveis da roda: jogo, transporte e oração.

O primeiro choque verdadeiro entre Provos e polícia tem por objeto de discórdia a bicicleta. No final de julho, é apresentado diante do Lieverdje o primeiro Plano Branco, o primeiro entre inúmeros projetos famosos, elaborados pela tribo da Spui para tornar a cidade mais acolhedora. Um projeto que hoje se denominaria ecológico e que, naquela época, era apenas uma esquisitice.

**Plano das Bicicletas Brancas** (*Provokatie* nº 5)

Cidadãos de Amsterdã!

Basta com o asfáltico terror da classe média motorizada! Todo dia, as massas oferecem novas vítimas em sacrifício ao último patrão a quem se dobraram: a autoridade. O sufocante monóxido de carbono é seu incenso. A visão de milhares de automóveis infecta ruas e canais.

O plano Provo das bicicletas nos libertará desse monstro. Provo lança a bicicleta branca de propriedade comum. A primeira bicicleta branca será apresentada ao público quarta-feira, 28 de julho, às três da tarde no Lieverdje, o monumento ao consumismo que nos torna escravos.

A bicicleta branca está sempre aberta. A bicicleta branca é o primeiro meio de transporte coletivo gratuito. A bicicleta branca é uma provocação contra a propriedade privada capitalista, porque a bicicleta branca é anarquista! A bicicleta branca está à disposição de quem quer que dela necessite. Uma vez utilizada, nós a deixamos para o usuário seguinte. As bicicletas brancas aumentarão em número até que haja bicicletas suficientes para todos, e o transporte branco fará desaparecer a ameaça automobilística. A bicicleta branca simboliza simplicidade e higiene diante da cafonice e da sujeira do automóvel. Uma bicicleta não é nada, mas já é alguma coisa.

O idealizador do plano é outro experimentador dos happenings antifumo, Luud Schimmelpenninck (turma de 1936), que em agosto apresentará uma versão mais técnica do plano, endereçada à prefeitura, no segundo número de *Provo*.

**Plano das Bicicletas Brancas**

Apesar de termos o burgomestre que Deus nos deu,
milhares de funcionários científicos,
mais capital, mais "Bem Comum" e mais "Democracia" do que nunca, temos de constatar que:

– Toneladas de gases venenosos são produzidas e difundidas no espaço vital de quase um milhão de habitantes.

– Ruas e calçadas desaparecem sob as "caixas de ostentação de *status*".

– Centenas de mortos e milhares de feridos são sacrificados ao desleixo de uma minoria de motoristas.

– A cidade teve e continua tendo prejuízos irreparáveis.

É, portanto, absolutamente necessário que o centro de Amsterdã seja fechado ao tráfego de veículos.

A eliminação do trânsito melhorará automaticamente o fluxo do transporte público em 40%. Mantendo o mesmo número de bondes e de funcionários da companhia de transportes, será possível poupar 2 milhões de florins por ano.

Propomos que a prefeitura adquira 20 mil bicicletas brancas ao ano (custo: um milhão de florins), como integração do transporte público.

Os Provos erguem, como num ritual, uma bicicleta branca. (Foto: Koen Wessing)

Tais bicicletas brancas pertencerão a todos e a ninguém.

Desse modo, o problema do trânsito no centro da cidade poderá ser resolvido ao cabo de poucos anos. Como primeiro passo para alcançar a cota de 20 mil bicicletas brancas ao ano, Provo oferece aos voluntários a oportunidade de terem as próprias bicicletas pintadas de branco, apresentando-se à meia-noite em ponto diante da estátua do Moleque na Spui.

Os táxis e os meios de transporte de utilidade pública terão de funcionar com motores elétricos e alcançarão uma velocidade máxima de 40 quilômetros por hora.

Os motoristas deverão deixar o próprio carro em casa e ir à cidade de trem, ou estacionar em espaços especialmente construídos nos limites da cidade, tomando em seguida um meio de transporte público. (...)

O AUTOMÓVEL é um meio de transporte que só se pode admitir em zonas escassamente habitadas. Os automóveis são meios de transporte perigosos e totalmente inapropriados para a cidade. Existem meios melhores e tecnicamente mais sofisticados para nos deslocarmos de uma cidade para outra. O automóvel representa uma solução ultrapassada para esse tipo de utilização. (...) Não há mais tempo para políticas titubeantes e velhos expedientes. Aquilo de que necessitamos NESTE MOMENTO é uma solução radical:

NÃO AO TRÂNSITO MOTORIZADO

SIM ÀS BICICLETAS BRANCAS.

Sem dúvida, a crítica antiautomobilística dos Provos deve muito às intuições de Constant quanto às mudanças sociais provocadas pela automatização do trabalho. Van Duijn, de resto, nunca escondeu sua admiração pela obra do ex-situacionista, que, por sua vez, demonstrou-se desde logo um entusiástico apoiador do movimento que foi crescendo ao redor dos happenings.

Constant elaborou uma visão imaginativa e ecológica de um futuro hipotético, batizado de New Babylon, em que a tecnologia passou de instrumento de alienação a instrumento de libertação. "O socialismo proclamou o direito ao trabalho. A fase histórica em que entramos (...) já nos fornece os meios para pretendermos o direito de não trabalhar." New Babylon tem sobre o homem "o mesmo efeito de um strip tease", excitando-o e fazendo nascer nele o desejo de agir. É uma utopia que vê o planeta Terra percorrido por bandos de homens dedicados a um nomadismo perene e feliz; homens cuja única "ocupação" será a de desenvolver as próprias capacidades criativas, "a criatividade é

uma paixão humana, não é um prazer dos deuses". A Terra como campo de jogo em que o *Homo faber* se transformará em *Homo ludens*. A superfície do planeta ficará livre de todo assentamento humano, o terreno liberado constituirá um imenso espaço social mergulhado na natureza incontaminada, com lugar para a agricultura e para a conservação dos monumentos de valor histórico. A paisagem será multiplicada em plataformas suspensas a dezesseis metros do solo, as quais abrigarão hotéis e salas para shows de música eletrônica. Os produtos necessários à sobrevivência serão fabricados por um novo proletariado composto de robôs e computadores, em instalações industriais subterrâneas. Um paraíso cibernético em que a fome será derrotada por alimentos artificiais e a sexualidade será vivida como brincadeira, e não como sistema reprodutivo.

Eis alguns documentos de Constant, datados de 1961 e publicados em 1966, em *Provo* nº 9.

*NEW BABYLON*
*O mundo do*
HOMO LUDENS

New Babylon é o mundo da abundância, o mundo em que o homem parou de trabalhar e começou a brincar; onde a poesia se tornou um modelo de vida para as massas, *la poésie faite par tous et non par un.*

New Babylon talvez não seja a imagem do futuro tomada como *leitmotiv*, a concepção de uma cultura que tudo inclui, difícil de compreender porque até hoje não existiu. Um tipo de cultura que, pela primeira vez na história, graças à automatização do trabalho, torna-se realizável, embora ainda não possamos saber que forma assumirá. Uma cultura que ainda nos parece misteriosa. O homem do futuro conseguirá desfrutar a vida? Será capaz de viver sem ter necessidade de ganhar o pão de cada dia com fadiga e suor? A resposta para essas perguntas implica a condenação de uma moral que ainda considera o trabalho executado pelas máquinas como a realização da vida do homem, e que promete um paraíso fictício como prêmio após a morte.

Quando estamos lidando com New Babylon, todo o resto torna-se secundário. Mas ainda não chegou o momento de dar uma resposta conclusiva a todas as perguntas que se apresentam. Este é o dilema do homem criativo de hoje: o mundo de ontem está prestes a terminar, enquanto o mundo de amanhã ainda não tomou forma. Por necessidade, continua comportando-se como um projetista cheio de incertezas, um jogador pela metade. Sugere onde gostaria de jogar, joga onde gostaria de realizar, esboça onde gostaria de ser preciso. Mas seus esboços do mundo novo que está prestes a chegar são igualmente importantes, porque deliberadamente voltam as costas ao mundo utilitarista, em que a criatividade era somente uma fuga e um protesto. E, assim fazendo, torna-se o intérprete do novo homem, o *Homo ludens* (de *New Babylon* nº 4).

*NEW URBANISM*

1. Já é visível uma crescente discrepância entre os padrões aplicados na distribuição dos espaços urbanos e as reais necessidades da comunidade. Projetistas e arquitetos ainda tendem a pensar nos mesmos moldes estabelecidos por Le Corbusier em 1933, quando falava das quatro funções da cidade: viver, trabalhar, trânsito e lazer. Essa excessiva simplificação reflete mais uma forma de oportunismo do que uma capacidade de observação e de apreciação daquilo que as pessoas desejam hoje, resultando em que a cidade está se tornando rapidamente um conceito obsoleto. Numa época em que a automatização e

outros progressos tecnológicos estão reduzindo a demanda de trabalho manual, continuam-se programando bairros operários cuja única função é a de dormitórios. Enquanto o número de de automóveis particulares se multiplica em um ritmo tão frenético a ponto de torná-los praticamente inúteis para o deslocamento, continua-se subtraindo espaço vital em prol de áreas de estacionamento para os automóveis. O Relatório Buchanan (Reino Unido, 1963), *Trânsito na Cidade*, demonstra que, se todos os habitantes de uma cidade como Leeds (513 mil habitantes em 1963) tivessem seu próprio carro, não haveria mais espaço para viver. Embora a poluição atmosférica esteja ameaçando a própria existência das plantas, dos animais e até mesmo dos seres humanos, fala-se ainda com otimismo em "cidades-jardim". E, enquanto os Jeremias de sempre lamentam o problema do aumento do "tempo livre", as restrições ao espaço disponível para o entretenimento público tiram dos jovens qualquer oportunidade de usar o tempo livre à sua disposição.

2. Uma consequência lógica do aumento crescente do tempo livre é que a ideia de diversão já não tem sentido. A diversão é a indenização da energia perdida durante o processo de trabalho. Tão logo dispomos de um superávit de energia a ser usado fora do trabalho, o divertimento torna-se inútil e a possibilidade de uma verdadeira criatividade vai ganhando espaço: a criação de um novo modo de viver e de um novo ambiente. Esse é o motivo pelo qual os jovens de hoje, para relaxar, já não recorrem a hobbies ou clubes, mas vão em busca de excitação em iniciativas comunitárias.

3. Esses comportamentos coletivos não podem ter lugar no campo. Necessitam da cidade, porque os jovens não buscam silêncio e solidão, mas encontros com outros jovens num ambiente social. O fenômeno dos passeios fora da cidade, com as pessoas se atulhando nos gramados, grudadas ao automóvel, é a prova de que se vai para o campo não para desfrutar da beleza da natureza, mas para fugir da cidade funcional. No verão, os parques de toda grande cidade tornam-se um ambiente social. Se o espaço urbano fosse planejado para ir ao encontro das necessidades de uma sociedade não fundamentada no trabalho, não seria preciso fugir da cidade. É bastante paradoxal o fato de a diferença entre cidade e campo desaparecer, quando os moradores da cidade se deslocam em massa rumo ao campo. Um acampamento é uma forma primitiva de cidade.

4. O ambiente social das cidades é ameaçado pela caótica explosão do trânsito, que, em si, nada mais é do que ridiculamente levar às últimas

consequências o direito de propriedade. O número de carros estacionados é cada vez maior, sempre maior do que o daqueles em movimento. O uso do automóvel perdeu sua vantagem maior: fornecer um transporte rápido de um lugar a outro. O depósito de propriedades privadas em solo público (o estacionamento, como se costuma chamá-lo) engole não apenas o espaço destinado ao fluxo do trânsito, mas vai também devorando, dia após dia, pedaços cada vez maiores de espaço vital. Só se pode obter um uso eficiente do veículo a motor mediante a utilização coletiva do número total dos carros, e esse total deve ser limitado ao número realmente necessário. É escandaloso ver uma porção de pessoas caminhando debaixo da chuva quando, na rua a seu lado, há tantos carros inutilmente estacionados, travando o trânsito. Também eles poderiam muito bem estar sendo utilizados.

5. Aos poucos, sem que nos apercebêssemos, a invasão maciça dos espaços sociais pelo trânsito provocou uma violação dos direitos humanos fundamentais. O código de trânsito degradou o indivíduo que só se desloca com os próprios meios naturais de locomoção à categoria de "pedestre". Além disso, tamanha foi a limitação de sua liberdade que, hoje, um carro tem mais direitos do que ele. Ao pedestre já é proibido o acesso à maior parte do espaço público e, se ele deseja ter contatos sociais, tem de ir a um lugar privado (casas) ou a lugares comercialmente explorados (bares ou salas alugadas), onde se encontra mais ou menos prisioneiro. Desse modo, a cidade está perdendo sua função principal: a de ponto de encontro. É bastante significativo que a polícia justifique as medidas anti-happenings nos espaços públicos com a desculpa de que essas manifestações impedem o trânsito. Esse é o reconhecimento implícito de que o verdadeiro dono da rua é o trânsito veloz.

6. O processo de aculturação tem lugar dentro do ambiente social. Se esse ambiente não existe, não se pode formar nenhum tipo de cultura. Quanto mais numerosos e variados os contatos, mais a aculturação florescerá. Chombar de Lauwe foi o primeiro a sublinhar essa função desempenhada por áreas urbanas específicas (particularmente os bairros mais antigos), por ele denominadas "zonas de aculturação". Como notou, o processo de formação da cultura é mais forte naqueles bairros em que a população é considerada antissocial. Notou também que o contato entre diferentes grupos (um contato que dá origem a elementos formadores de uma nova cultura) é mais intenso nos bairros onde existe desorganização social.

7. Já que todos os burocratas são apaixonados pela ordem e pela sociedade controlada, sua tendência é a de destruir as áreas de aculturação. Em Paris, o barão Haussmann devastou os velhos bairros populares mandando cortá-los com suas amplas alamedas, para facilitar o movimento das tropas. Em Marselha, os nazistas fizeram tábula rasa do velho bairro ao redor do porto para quebrar a resistência dos moradores. É a mesma coisa que se está fazendo hoje com os planos de desenvolvimento dos centros históricos e com a deportação de seus moradores para as periferias.

8. O denominado "movimento da cidade-jardim", difundido por volta de 1910 pelo projetista inglês Ebenezer Howard, baseava-se no pressuposto de que a produção industrial poderia ser aumentada, caso se concedessem moradias mais decentes e melhores condições de vida aos trabalhadores. Os pressupostos para o sucesso do movimento (o desejo de estar em contato com a natureza, o amor pelo trabalho, a força dos vínculos familiares) já não são válidos hoje. As cidades-jardim já são obsoletas antes mesmo de terem sido terminadas. As periferias inspiradas em seu projeto não são o idílio rural sonhado por Howard, mas simples dormitórios, lugares para dormir e de onde fugir na primeira chance, assim que se tem um instante de tempo livre. Unidades habitacionais situadas em locais desolados e cercadas por um mar de trânsito tornam-se guetos para uma população cujos únicos contatos com o resto do mundo se dão através dos meios de "comunicação" controlados: jornais, rádio e televisão.

9. Uma pessoa para de dar importância à própria casa quando seu raio de ação se expande e a quantidade de tempo livre aumenta. No momento em que teve início o trabalho produtivo, durante a Nova Idade da Pedra, o homem foi transformado numa criatura sedentária. Agora, porém, que a necessidade de trabalho manual está para desaparecer, não há mais motivos para permanecermos ligados por muito tempo ao mesmo lugar. Concomitantemente, está crescendo a demanda por alojamentos temporários: hotéis, trailers e barracas. A proporção entre espaços habitacionais e espaços sociais tem de ser reequilibrada a favor destes últimos, porque precisam ser satisfeitas as necessidades de uma raça emergente de nômades.

10. A natureza do ambiente social dependerá do modo como serão utilizadas as novas energias que brotarão desse processo. De todo modo, esse espaço será o lugar do jogo, da invenção e da criação de um novo modo de viver. As normas utilitaristas aplicadas às cidades funcionais têm de se

dobrar às normas criativas. No futuro, o modo de viver do homem será determinado pelo jogo e não pelo lucro.

11. Os pontos expostos até aqui explicam por que as lutas dos jovens contra as regras fossilizadas voltam-se principalmente à reconquista do espaço social por excelência, a rua, visando a restabelecer os contratos essenciais para o jogo. Os idealistas que se iludem, pensando poder estabelecer tais contatos mediante a organização de clubes juvenis, publicações ou excursões, na verdade estão tentando substituir com modelos controlados as iniciativas espontâneas. Eles se opõem à característica mais importante da nova geração: a criatividade, o desejo de criar um modelo próprio de comportamento e, em última análise, de criar um novo modo de vida.

Cabeçalho de *Provo* 13.

Para Constant, a ideia das bicicletas brancas é apenas um ponto de partida. Sua New Babylon necessitará de helicópteros brancos para o deslocamento de uma plataforma aérea até outra.

A cor branca da bicicleta, que se torna a cor oficial dos Provos (que começam a vestir-se de branco), é escolhida em primeiro lugar não por motivos simbólicos – como símbolo de purificação igualdade e paz –, mas simplesmente porque suas ações acontecem principalmente à noite, no escuro, e, portanto, o branco os torna mais visíveis. (De início, na verdade, a ideia era a de pintar as bicicletas com as cores anarquistas, vermelho e preto.) Também o casamento de Rob Stolk, que acontece nesse período, torna-se um "ato político": na saída da prefeitura, os noivos (ele todo de branco) passam sob o arco do triunfo formado por bicicletas brancas erguidas pelos amigos Provos.

A campanha antiautomóvel obtém um sucesso extraordinário. São organizados times de "vingadores" que, por meio de denúncias telefônicas, atingem os carros mais poluidores e os motoristas mais indisciplinados, arrancando o escapamento e os limpadores de para-brisa. Andar em grupo por cima dos carros que impedem a passagem torna-se um hábito consolidado, sem vandalismos, mas de modo muito teatral. Aliás, por que apenas os carros podem ter o prazer de andar por cima dos homens?

Mais um Plano Branco contra o terrorismo automobilístico será lançado em seguida, no *Provo* nº 13 (número dedicado aos acidentes automobilísticos). O plano, com o nome muito sugestivo de "Plano do Cadáver Branco", sugere um modo de tornar inesquecíveis os crimes cometidos pelos motoristas.

**Plano do Cadáver Branco**

A primeira contribuição rumo à solução do problema do trânsito em Amsterdã foi o Plano da Bicicleta Branca. As autoridades o torpedearam prontamente, confiscando todas as bicicletas brancas que o Provo colocou à disposição da cidade de Amsterdã. Enquanto isso, o terrorismo do trânsito aumentou. No primeiro dia do ano, o monstro devorou uma criança de dois anos.

Tomem cuidado ao caminhar.

Os assassinos andam soltos pelas ruas.

Como punição para os piratas do trânsito, e como advertência - *memento mori*[7] - para quem anda por aquela imensa vala comum que é a cidade de Amsterdã, o Provo propõe o Plano do Cadáver Branco. As autoridades nada mais têm a fazer a não ser pô-lo em prática - não é muito difícil.

As patrulhas da polícia rodoviária devem munir-se de um pedaço de gesso, um formão, um martelo e um balde de argamassa. Toda vez que o monstro voltar ao ataque, e alguém for estirado no impiedoso asfalto, a polícia terá de desenhar com gesso o perfil da vítima no chão. Assim que a ambulância tiver removido os tristes restos mortais, o assassino, sob o controle da polícia, deverá esculpir no asfalto os contornos de sua vítima com formão e martelo, numa profundidade de três centímetros. Deverá, então, preencher a cavidade com argamassa branca. Desse modo, talvez todos os outros aspirantes a assassino tirarão o pé do acelerador por um instante, ao se aproximarem do funesto local.

Além disso, o assassino deverá oferecer um funeral branco à vítima por ele massacrada. Ao ver passar a triste procissão pelas ruas da cidade, os pedestres irão compreender: mais uma vez, o monstro levou uma pessoa que desconhecia o perigo, tirando-lhe a vida de repente.

---

7. Do latim "Lembra-te de que deves morrer". Designa qualquer objeto ou símbolo que recorda a morte. Por exemplo, um crânio. (N.E.)

Cuide-se você, pedestre, porque o motorista é um irresponsável.

A luta contra a mecanização alcança seu apogeu em Antuérpia, onde o grupo Provo local lança o "Plano dos Pés Descalços", publicado pelo jornal *Anar.*

**Plano dos Pés Descalços**

Os Provos promovem o Plano dos Pés Descalços como forma de protesto contra:

1. O consumidor escravo (sapatos produzidos em série).
2. A eliminação da liberdade (as botas).
3. A hipocrisia (os dedos que ficam escondidos).
4. A atmosfera insalubre nas cidades (os pés que fedem).
5. A impossibilidade de comunicação (a sola dos sapatos impede o contato com a terra).
6. O sufocamento da criatividade (os sapatos apertados).

Portanto: Provoquem os portadores de sapato! Andem de pés descalços! Todo sábado, os andarilhos descalços irão se reunir na Groenplaats para fazerem uma caminhada de duas horas ao redor da praça, em protesto contra o militarismo e a presença da Otan em nosso país.

O símbolo da Bicicleta Branca, escolhido pelos Provos, torna-se muito eficaz e se fixa de modo indelével na mente da opinião pública. As muitas imitações do Plano Branco pelo mundo afora são testemunha disso. Bicicletas brancas comunitárias em Estocolmo, Oxford (lema da operação: "o branco anula tudo, especialmente a propriedade"), Berkeley (onde as bicicletas, para não serem apreendidas, são registradas como propriedade de "Mr. Everybody") e até nas canções (de Caterina Caselli, na Itália, ao grupo psicodélico inglês Tomorrow, com sua deliciosa *My White Bicycle*).

Ainda hoje, passados mais de trinta anos, Amsterdã é a cidade do mundo ocidental mais respeitosa com os próprios ciclistas, e mais punitiva para com os motoristas, o único grupo social em relação ao qual ela não exercita sua tradicional tolerância.

A resposta da polícia à apresentação do projeto é imediata e ridícula: confiscam cerca de cinquenta bicicletas brancas pela cidade, com a desculpa de que, não estando trancadas com cadeados, sua presença representa um estímulo ao furto. Na prática, é a polícia que as rouba, já que não irá mais devolvê-las aos legítimos proprietários que reivindicarão sua devolução: numa sociedade em que vigora a propriedade privada, o que é oferecido gratuitamente se torna ilegal e antissocial. Dois Provos são detidos por terem afixado *Provokatie* nº 5. A reação dos agentes produz novos simpatizantes para os Provos, aumenta o número de pessoas que leva suas bicicletas no sábado à noite para a Spui, para que sejam pintadas de branco (muitas vezes, na falta de pincéis, com escovas de dentes), e um ou outro policial dá de cara com a própria bicicleta pintada de branco por algum zombeteiro. Logo, o comportamento rude dos agentes desemboca em verdadeira brutalidade, transformando as pacíficas reuniões de sábado à noite em choques em praça pública. Provocados, os policiais tornam-se provocadores, revelando-se os melhores recrutadores do movimento, ainda que involuntariamente. Os participantes dos happenings, brutalizados pela polícia, tornam-se instantaneamente aliados dos Provos.

Enquanto isso, o jornal de direita *De Telegraaf* está já zelosamente empenhado em instaurar na opinião pública o medo da conspiração Provo (que, é bom lembrar, a essa altura pode contar com cinco "efetivos" no total), fornecendo aos próprios leitores visões terríveis de hordas de "cabeludos degenerados, com roupas amarrotadas e escrevendo obscenidades contra Claus von Amsberg; pessoas que não querem trabalhar e não gostam de nada, um bando de malcriados que fumam maconha e vão aos happenings, aterrorizando as pessoas de bem". Como podemos ver, são mais ou menos as mesmas palavras que os jornais de meio mundo utilizarão para descrever os novos sujeitos que, em meados dos anos 1960, irão invadir as ruas e o imaginário do Ocidente: os chamados *beats*.

As cerimônias diante do Lieverdje continuam sendo acompanhadas por confrontos cada vez mais duros com a polícia (duros no sentido de que é sempre a polícia a provocar e bater; os participantes e a parte mais "politizada" - os Provos - optaram desde o início por responder com o método da não violência).

Van Duijn pede uma reunião com a polícia, na tentativa de encontrar uma maneira de prosseguir com as cerimônias sem que ela tenha necessariamente de intervir a cada vez. O encontro acontece em 14 de agosto e reúne (ou melhor, opõe) em torno de uma mesma mesa Grootveld, Van Duijn e Stolk, de um lado, o chefe da polícia Van der Molen e três delegados, do outro.

O resultado é nulo: a polícia declara que não intervirá se os Provos abdicarem das reuniões. Na mesma noite (e é um sábado), 2 mil pessoas reúnem-se para a cerimônia. Pela primeira vez desde os anos 1930, bandeiras anarquistas tremulam pelas ruas, com os dizeres: "não à monarquia, sim ao anarquismo". Stolk é detido imediatamente, junto com um amigo, por ter colocado flores aos pés do Lieverdje. Segue-se um ataque violentíssimo da polícia, acolhida por uma chuva de campainhas de bicicletas, usadas como instrumentos de dissuasão. Treze pessoas são detidas, um passante dá por si com o nariz fatiado por um golpe de sabre, e o chefe da polícia Van der Molen, à paisana, é energicamente empurrado por seus subordinados, que não o reconheceram.

Quatro prisões são confirmadas. Os acusados são processados imediatamente e condenados a dois meses de reclusão por terem gritado "Orange igual a SS". O juiz quer dar uma lição aos manifestantes e não concede aos advogados da defesa sequer o tempo de examinar os casos.

Grootveld faz uma tentativa de pacificação e tem um encontro com o prefeito Van Hall, expondo-lhe, sem sucesso, o projeto evolutivo do Centro Mágico. No sábado seguinte, a polícia apresenta-se no happening levando os próprios cachorros rosnantes para passear. Sob a estátua do moleque, aparece um cartaz anunciando zombeteiramente os próximos happenings: "O Teatro da Polícia de Amsterdã apresenta Holland Happening, espetáculo em quatro atos com cassetetes, sabres e cachorros". Para zombar dos agentes à paisana, os participantes do Círculo Mágico bolam, a cada vez, um sinal secreto de reconhecimento feito com as mãos, o denominado "sinal do monóxido de carbono", que todos executam ao mesmo tempo levando ao nariz um lenço branco, enquanto os agentes infiltrados, constrangidos e sem saber como se portar, veem-se com todos os olhares voltados para si.

Em entrevista, Carel Kneulmans, o autor da estátua do moleque, expressa a própria amargura pelo fato de sua obra assar nas fogueiras de todo sábado à noite, afirmando não compreender por que os jovens têm tanta raiva de sua criação, uma vez que, em Amsterdã, existe uma estátua de significado muito mais sinistro e negativo: aquela erigida em homenagem a Johannes Van Heutsz, um dos "heróis" da história colonial holandesa.

Dito e feito, os jovens acatam a sugestão: em 4 de setembro, os happenings transferem-se para a área "de bem" de Amsterdã, sob o monumento erigido em homenagem ao "pacificador da Sumatra". É a primeira vez que há na Holanda uma manifestação anticolonialista de certo peso. No final da guerra, por exemplo, o governo adotou uma política repressiva para com alguns indonésios que lutavam pela independência, e a ninguém ocorreu protestar. A estátua do general é circundada por uma multidão barulhenta de jovens desenfreados, vestidos como selvagens que, tocando bongôs e tambores como possessos, dessacralizam e ridicularizam aquele símbolo da supremacia ocidental. A figura austera de Van Heutsz é pintada de branco, e a base do monumento é coberta pelas palavras "Provo" e "Image". Um banho coletivo no espelho d'água sob a estátua conclui as noitadas. Grootveld enche umas garrafinhas e as vende com etiquetas nas quais se lê "água benta de Van Heutsz", água de "colônia". Daquele momento em diante, o velho general será regularmente pintado de branco.

Outro sinal distintivo da vida tribal levada pelos Provos é a constituição de pequenas comunidades, nas quais vivem todos juntos. E, já que estamos na década de 1960 e, sobretudo, num país puritano, não se há de subestimar o impacto da liberdade sexual do provotariado, que propõe liberdade de fornicação, educação sexual garantida desde a mais tenra idade, preservativos com preços políticos para todos os estudantes e abertura para todo tipo de experiência sexual, homossexualidade inclusive.

Preveem direitos iguais para os que pertencem ao terceiro sexo, que não deverão ser mantidos numa posição racista de inferioridade, muito menos considerados doentes: eles podem dispor da própria vida privada como melhor preferirem, sem ter de sofrer a censura de ninguém. A homossexualidade é largamente difundida mesmo entre os animais, e é parte de um plano preciso da natureza, contra o qual não poderemos ir sem alterar a ordem da criação. Nunca se perguntaram por que nos escandalizamos se alguém persegue um negro, mas não dizemos nada se alguém persegue um homossexual?

Nada a dizer, uma visão muito avançada para a época, que nos faz compreender de que lado provém a revolução sexual que eclodirá dali a alguns anos na Holanda (lembramos que, ainda hoje, Amsterdã é uma das capitais mundiais do sexo). Em seguida, os Provos difundirão esses temas em seus Planos Brancos, por exemplo no "Plano das Mulheres Brancas".

No final de setembro, por ocasião do discurso anual da coroa, os Provos fazem uma excursão até Haia para distribuir *Provokatie* nº 7, em que publicam uma hipotética declaração de renúncia ao trono por parte da rainha Juliana.

> (...) Ilustres Membros dos Estados Gerais, chegou o momento de proclamar a tão aguardada revolução social. (...) Declaro abolida a propriedade privada. Toda propriedade será coletivizada. Convido os trabalhadores a se livrarem de seus patrões e a tomarem posse das fábricas em que trabalham. Deste momento em diante, todos os meios de produção ficarão sob o controle da classe operária. (...) Obviamente, renuncio a meu cargo, que é o próprio símbolo da unidade nacional. Abdico em favor do povo e do anarquismo. Doarei toda a minha fortuna para estimular a primeira comuna; desse modo o dinheiro voltará para seu verdadeiro proprietário, o povo holandês. Coloco os palácios que possuo em Soestdijek, Haia e Amsterdã à disposição das vítimas da crise da habitação. As propriedades reais nos Países Baixos serão transferidas aos amantes da natureza, como áreas protegidas. Eu e minha filha Beatriz aderimos incondicionalmente às medidas revolucionárias e à instauração do anarquismo, tal como foi declarado pelos Provos em Amsterdã e em Haia.
>
> Assinado: Juliana d'Orange.

Nove Provos são detidos por terem espalhado esse pseudo discurso da Coroa, enquanto mais uma centena deles se reúne fora do palácio real, esperando em vão pela rainha, que foi convidada para um enfrentamento público. A carta-convite, escrita por um novo Provo em período integral, Hans Tuynman (turma de 1942), é dirigida a ela gentilmente, tratando-a como uma dona de casa comum, e é endereçada com seu nome burguês, senhora Von Lippe-Biesterfeld Von Mecklenburg. Embora a soberana fuja, a imprensa está maciçamente presente e assiste à explosão, com direito à fogueira de encerramento, de aproximadamente dez metros de altura, de uma televisão sobre a qual está colada uma foto da rainha e a palavra "Image". O happening encerra-se com um espancamento final, aos cuidados da polícia.

Os Provos tornaram-se o inimigo número um das autoridades. Em Amsterdã, procuram encrencar Van Duijn e Stolk, acusando-os de um fantástico roubo de joias, acusação logo deixada de lado. As tímidas vozes de protesto que começam a se erguer contra a operação da polícia são caladas pelo prefeito Van Hall, que durante uma coletiva à imprensa esfrega no rosto de todos o resultado de uma pesquisa, segundo a qual 81% dos holandeses são favoráveis a medidas mais repressivas para com os Provos. Além disso, o prefeito afirma que estes "não podem se escorar atrás de sua escolha de não utilização da violência como instrumento de luta, já que, de todo modo, sua simples entrada em cena é o bastante para desencadear agressões pesadas". Os happenings têm de acabar, pois já são incontroláveis (e como se não bastasse, atrapalham o trânsito!).

No outono, em toda cidade dos Países Baixos, pequena ou grande, eclode o que a mídia, alarmada, batiza de "doença do moleque", uma epidemia de happenings com uma implacável intervenção da polícia. As cerimônias xamanistas enfeitiçam os jovens mais aventureiros, que agora já se reconhecem na palavra de ordem lançada em Amsterdã: provocar as autoridades. Basta encontrar uma estátua apropriada, capaz de cumprir a função de

A barca dos Provos. (Foto: N.V. De Arbeiderspers)

eixo esotérico, e a cerimônia pode começar. Mas nem sempre as autoridades se deixam apanhar desprevenidas: em Maastricht, a polícia, demonstrando-se muito mais esperta que a de Amsterdã, combina com a imprensa local para que não divulgue os eventos. Durante a noite, arranca a estátua escolhida pelos jovens de seu pedestal, levando-a embora e colocando-a em lugar seguro, num depósito da prefeitura. A situação na cidade retorna à tranquilidade.

Mas, no resto do país, os happenings continuam. Em novembro, Rob Stolk pega sua bicicleta e vai ao Parlamento em Haia, onde está acontecendo uma discussão sobre os aspectos institucionais do matrimônio da princesa Beatriz, que será realizado em 10 de março do ano seguinte. Tranquilo, puxa para fora uma sirene de bombeiros, liga-a, e se diverte com o corre-corre geral. A sessão é suspensa.

Durante meses, os Provos de Amsterdã brincam de gato e rato com a polícia, provocam-na, dão um golpe e desaparecem, reúnem-se e dispersam-se, fazendo com que os persigam pelo labirinto de ruelas que o Centro Mágico oferece como proteção a seus filhos zombeteiros. Enquanto os espancamentos e as detenções prosseguem em ritmo alarmante, a casa do prefeito é alegremente pintada de branco e, pelas janelas sobre o Dam do palácio real, aparecem cartazes com dizeres antimonarquistas. Em novembro (faltam ainda cinco meses para o casamento principesco), a guarda nacional, para evitar surpresas, começa a se postar diante de cada possível alvo monárquico. Os tribunais trabalham a todo vapor, proliferam as condenações por reunião sediciosa e por difusão de material não autorizado. Alguns jovens são proibidos de pôr os pés na Spui por um período de três anos (embora um deles more ali). O frio ameniza por um curto período os ardores policiais, enquanto os Provos seguem promovendo happenings e mergulhando nos chafarizes, sem se importar com o clima.

Um grupo de Provos instaura uma comuna livre numa barca, batizada Hashiminh (uma junção das palavras *hashishin* e *vietminh*[8]), adquirida com as entradas do livro *Provo em Tempo Integral,* escrito por Hans Tuynman. Para subir a bordo

8. *Vietminh* são os membros do partido comunista do Vietnã. No mundo islâmico, os usuários de haxixe eram chaamados de *hashishin.* (N.E.)

é preciso cumprir com uma formalidade: mijar numa foto da rainha Juliana.

Entre os alvos das manifestações Provos, figuram também os governos fascistas de Portugal e Espanha. O primeiro, por sua política colonial, e o segundo, pelas contínuas violações dos direitos humanos. Pela primeira vez desde o final da guerra civil, o regime franquista tem de enfrentar no início dos anos 1960 o surgimento de greves ilegais (mineiros, operários e estudantes), e uma atividade crescente dos grupos clandestinos antifascistas, aos quais responde com uma feroz repressão. Torturas e penas de morte executadas com o garrote (uma forma horrorosa de estrangulamento, resquício da Inquisição) são práticas comuns. Enquanto isso, o governo de Franco vende com sucesso na Europa democrática uma imagem tranquilizadora do próprio país, alardeando sol, praias e guarda-sóis, uma campanha que levará a uma explosão turística na Costa do Sol. Os Provos apoiam a luta dos combatentes espanhóis pela liberdade e organizam happenings diante do consulado da Espanha, exibindo alguns garrotes.

As manchas solares começaram a se espalhar na superfície do grande astro diurno. Deus recusa sua luz aos vermelhos. Os cientistas anunciam

O interior da barca dos Provos. (Foto: Koen Wessing)

um formidável aumento das manchas solares após o aparecimento dos beatniks e dos Provos (...) (do discurso de um coronel grego no filme *Z*, de Costa Gavras).

Na véspera de Natal, acontece a primeira de uma longa série de manifestações contra a guerra do Vietnã. Dessa vez, quem envolve os Provos é um grupo de "extremistas, semiletrados, políticos pop art": os Bastaard (Bastardos), que vivem numa comunidade e fazem uso indiscriminado de todo tipo de droga. Van Duijn e os companheiros são pegos de surpresa e têm de admitir que não é nada má a ideia daquele grupo de artistas sempre obcecados em bloquear o ingresso ao consulado dos EUA, impedindo os funcionários de irem ao trabalho. De sua parte, os Provos experimentam pela primeira vez bombas de efeito moral, queimam a bandeira da embaixada, derrubam as vitrines do American Express e são perseguidos por policiais a cavalo no meio do trânsito da hora do rush. Em seguida, entregarão uma declaração formal de guerra para a embaixada americana, vestidos como patriotas do século XVIII e com acompanhamento de pífaros e tambores.

Em 1964 Grootveld teve outra visão, que mais uma vez se revela certeira:

> Os jornais se tornarão cada vez mais conformistas, cada vez mais corruptos, cada vez mais dependentes dos sindicatos da droga e da nojenta classe média. Assim como aconteceu durante a guerra, vai se desenvolver um sentimento de dúvida com relação aos meios de comunicação. O resultado será o florescimento de uma imprensa descentralizada, talvez até mesmo ilegal. Haverá cada vez mais panfletos e jornais underground... No futuro, cada um terá seu pequeno jornal. Porque não podemos esquecer que temos uma revolução ao alcance da mão.

1965 é o ano da explosão da imprensa underground na Holanda. Além do mensal *Provo* (que, em poucos meses, graças à propaganda advinda da apreensão, passará de uma tiragem de 500 cópias, no primeiro número, para as 20 mil cópias do último número), a novidade mais notável é representada por *Hitweek*, um jornal em formato tabloide dedicado aos adolescentes, de concepção gráfica muito inovadora e "muito carnabyana", fundado pelo "mais novo ilusionista dos Países Baixos", Willem De

Ridder. *Hitweek* (que, no final dos anos 1960, se tornará *Aloha*) é o menosprezado líder da imprensa underground europeia, nascido como jornal essencialmente musical. Inaugura um novo modo de prestar informação, abrindo suas páginas a todos os temas ligados ao novo e exuberante mundo juvenil (sexo, drogas e rock & roll etc.). Entre seus colaboradores, encontramos Simon Vinkenoog, que a essa altura já se havia tornado uma estrela do psicodelismo internacional, e grandes desenhistas como Joost Swarte e Peter Pontiac. Se o direito de primogenitura do underground é comumente atribuído ao lendário *IT* (*Internacional Times*) de Londres, é somente porque este era escrito em inglês (mais uma prova do azar de ter de se comunicar em holandês). Na realidade, o *IT*, que (ele próprio admite) se inspira amplamente no exemplo holandês, sairá apenas um ano mais tarde (1966).

São muitas as publicações ligadas aos Provos que aparecem na Holanda: desde *Desperado* (Roterdã) até *Lynx* (Haia), de *Volte* (Utrecht) até *Por* (Leeuwarden). Em Maastricht, virá à luz uma das revistas mais interessantes e originais do movimento, *Ontbijt Op Bed* (Café na Cama), da qual saíram dez números entre 1966 e 1967. Concepção gráfica bonita, cadernos em papel prateado, páginas furadinhas, folhas perfiladas, um produto realmente muito artístico, com artigos em estilo dadaísta, como este, que saiu no número 5:

> O Branco-BOOOM! é uma brincadeirinha sob a bunda de deus. O Branco BOOM!!!! é uma Bomba Deluxo colocada sob os púlpitos e os altares, sob a corrente do relógio do prefeito, sob a boina dos tiras, sob os tanques e os caças da Otan, contra as quilhas dos navios de guerra, entre os organismos militares, sob a Sala do Trono e nos quartos de dormir dos presidentes das multinacionais.
>
> A Bomba Deluxo é uma arma secreta. Não se parece com uma bomba. Pode ser colocada nas taças de champanhe durante uma recepção ou escondida nos charutos. Pode esconder-se na graxa com a qual os generais lustram suas botas. Uma escovada e boom! As pernas saltam bem debaixo de sua bunda. Pode ser misturada ao material com o qual são fabricados os cassetetes: uma pancada e os tiras dão por si sem as mãos. Pode ser colocada no tecido com que se confeccionam as bandeiras e os estandartes, que, assim que forem postos ao vento, irão se desintegrar.
>
> Adiante Branca BOOOOM! Bomba Deluxo, exploda! Destrua os palácios de reinantes e governantes, arrase as igrejas e os automóveis que

fazem adoecer e matam as cidades. Queime os Rembrandts, mate a grande Arte, a Grande ARTE, a GRANDE ARTE, A GRANDE ARTE!!! Pulverize os concertos de Mozart e os cantos gregorianos! Bach morreu, Bach morreu, Bach morreu!!! Escancare a Terra, esmigalhe-a, escancare um abismo em que hão de cair presidentes e prelados, bandeiras e pátrias. Queime, Branca BOOOM!!! Todos podem preparar a própria Bomba Deluxo. Cada qual com sua pequena Booom branca!!! Soprem o esplêndido pó no ar, com força, soprem amiúde. O esplêndido pó irá a toda parte e as pessoas o inspirarão. Chegará aos pulmões, se dissolverá no sangue e alcançará o sistema nervoso central e o sistema nervoso simpático. E a certa altura... a Branca-BOOOM explooodirá!!!

Depois, não podemos esquecer as revistas Provos que nasceram na região flamenga da Bélgica, como *Eindeelijk* (Gand), *Anar* (Antuérpia). A mais importante, de todo modo, é *Revo*, impressa em Bruxelas, fundamental em âmbito internacional, porque frequentemente torna a publicar os artigos de *Provo* traduzidos também para o francês, cumprindo a função de única ponte linguística para os que quisessem se aproximar dos textos provenientes da Holanda.

De grande interesse também o veio sueco, com *Shit Paper*, *Skit* (Göteborg) e *Provie* (Estocolmo).

Um dos meios de propaganda mais eficazes com o qual a conspiração Provo pôde contar desde o início foram as vinhetas satíricas de Willem (pseudônimo de Bernard Willem Holtrop, classe 1942), que acompanharam (e embelezaram) praticamente toda publicação, panfleto ou cartaz do "movimento". Um artista dotado de traço imediato e requintado, que com sua pena castigou impiedosamente policiais, membros da família real e a "nojenta classe média". Em 1967, dirige o jornal proto-underground *God, Nederland & Orange* (Deus, Orange e Países Baixos), conquistando no ato, para a inveja de todos os outros chargistas, censuras, apreensões e processos (entre os quais, um por "lesa--majestade" - insultos à Casa Real - e outro, muito cobiçado, por "crueldade para com a polícia"). Finda a aventura Provo, expõe numa mostra em Londres em que suas obras são apreendidas, emigra para Paris, participando (junto com um bando especializado na demolição da decência burguesa, formado por Reiser,

Choron, Topor e Wolinsky) da criação daquela extraordinária revista, mestra da insolência, que será *Hara Kiri*, precursora de abundantes publicações satíricas, da americana *National Lampoon* à italiana *Il Male*. Willem, com sua coluna regular no *Libération*, desempenhou na França um importante papel de promoção de todo tipo de imprensa underground e autoproduzida. Hoje, continua seu trabalho como chargista político muito apreciado naquele diário parisiense; é um delicioso escritor de reportagens que são viagens desenhadas, e faz quadrinhos também (desde *Charlie Hebdo* a *Weirdo*, passando pelas incríveis colaborações com S. Clay Wilson).[9]

9. Willem chegou a ter algumas HQs publicadas no Brasil durante os anos 1970, na revista *Grilo*. (N.E.)

Charge de Willem (Bernhard Willem Holtrop).

## CAPÍTULO 6

# UM BANDO DE DEGENERADOS BOMBARDEIA A CARRUAGEM DOURADA

1966. A CONTAGEM REGRESSIVA TEVE início: a cidade, às vésperas do evento, está dividida entre indiferença e hostilidade. Os Provos, convencidos do fato de que um poder ridículo precisa de uma oposição igualmente ridícula, começam a preparar uma conspiração antimonárquica de opereta. A deles é uma paródia dos levantes tradicionais. Criam um comitê anticerimônia "Provo--Orange" batizado de "A Pérola do Jordaan", que proclama uma coleta de fundos beneficentes, destinados a um antipresente a ser oferecido ao casal real, e até antifogos de artifício e antifestividade. Uma boa quantia de dinheiro entra no caixa Provo, os doadores não ficarão decepcionados, o antipresente será muito barulhento.

Pela cidade observam-se pessoas andando pintadas de laranja da cabeça aos pés, para o ensaio geral do espetáculo. Entre elas, as que estão pintadas de modo mais chamativo são Grootveld, Van Duijn e Stolk, que executam ataques num triciclo de pedais pelas ruelas do Jordaan, distribuindo folhetos em que a princesa Beatriz está representada de cabeça completamente raspada, à maneira das mulheres punidas pela resistência por terem mantido relações com as tropas de ocupação alemã.

Afinal de contas, é preciso reconhecer que, a seu modo, também a jovem princesa está demonstrando ser um espírito tão anticonformista quanto os jovens que a contestam: escolheu casar-se com o homem que ama embora ele não seja de sangue azul, contrariando a opinião da família e sabendo que está arrumando complicações para a Casa Real. Aliás, ninguém tem nada pessoal contra Beatriz ou contra Claus.

Os Provos lançam a estratégia do ridículo promovendo as "explosões brancas", a difusão de uma série de planos, tão absurdos que poderiam até revelar-se verdadeiros. (Uma estratégia que será retomada dois anos mais tarde pelos hippies americanos na convenção do partido democrático em Chicago.) Imprensa e polícia caem nessa mais uma vez.

Os rumores são incontroláveis e incontrolados. Começa com ideias ingênuas, tipo espalhar frascos com coisas fedidas dentro da igreja, ou então, depois de um estudo prévio dos ventos, lançar milhares de bexigas pintadas com suásticas em cima do cortejo. À medida que as notícias se espalham vão se tornando cada vez mais delirantes: minas colocadas nas pias batismais; homens-rãs treinando para despontar pelos canais durante o cortejo real; canhões escondidos, prontos a disparar projéteis carregados de tinta laranja, apontados diretamente para a igreja de Westerkerk, onde a

Folheto da mostra fotográfica sobre os acontecimentos de 10 de março de 1966.

cerimônia terá lugar. Há os que insinuam que o órgão da igreja foi adulterado para que de seus tubos, durante a execução da marcha nupcial, saia gás hilariante. Há também quem se comprometeu a produzir fitas com gravações dos estampidos de armas automáticas e o estouro de bombas, a serem transmitidas por alto-falantes escondidos pela cidade, para levar a polícia a responder ao fogo.

Em 10 de março, os cavalos desempenharão papel relevante na cerimônia. Não só por causa dos soldados de cavalaria, escolta da carruagem real, mas especialmente porque um grupo de seis cavalos de penachos puxará a carruagem.

Isso sem mencionar a polícia montada, que se tornou fato corriqueiro para a repressão dos happenings. Os Provos estudam atentamente o problema dos cavalos, há quem crie ratinhos brancos para jogá-los entre suas patas, quem se exercite com apitos de ultrassons, que os ouvidos humanos não escutam, para fazer os cavalos saírem em disparada, desgovernados. Travam-se vínculos com os servidores republicanos do zoológico de Amsterdã, para que eles acumulem uma grande quantidade de fezes de leão, a ser espalhada pelo percurso do cortejo, porque - parece - os cavalos, ao sentirem este cheiro, enlouquecem de tanto medo e fogem. Um ato altamente simbólico, já que o leão é o emblema da Holanda.

Outra notícia difundida pelo serviço de desinformação Provo revela o plano de colocar LSD no aqueduto da cidade, para fazer "viajar" a população toda, assim como acontecera 463 anos antes, entre os astecas, no dia da coroação de Montezuma, quando os sacerdotes distribuíram pequenos cogumelos para todos, para transformar a cerimônia em algo realmente inesquecível. Imediatamente dispara o alarme junto à guarda nacional. Os policiais postam-se nas estações do aqueduto e o governo, numa maratona legislativa sem precedentes, promulga em tempo recorde (sete dias) uma lei declarando a ilegalidade do LSD. Equipes de químicos coletam e analisam diariamente amostras de água, para verificam a sua pureza.

Já que os jornais estão a serviço do poder e desesperados por notícias, os Provos tomam a sábia decisão de cobrar por qualquer entrevista, e com uma tabela de preços bem precisa: duzentos florins para a imprensa alemã, cem florins para o rádio, cinquenta florins para a imprensa burguesa (porque "é antipática e afinal escreve o que bem entende") e vinte para a imprensa de esquerda. Deste modo, as "explosões brancas" são patrocinadas e divulgadas pela mídia.

A tensão na cidade torna-se muito intensa, a polícia efetua revistas nas casas dos supostos Provos e simpatizantes em busca de armas. Invade a casa dos garotos que distribuem o jornal *Provo*, intimidando seus pais e avisando-os para que fiquem de olho nos filhos. Grampeia os telefones dos suspei-

Het PROVO-ORANJE-KOMITEE de Parel van de Jordaan.
Karthuizersstraat 14 III Amsterdam-Gironummer 439821 tnv JB Metz

OPROEP AAN ALLE AMSTERDAMMERS,
die op vreedzame wijze hun bezwaren tegen het komende huwelijk van Prinses Beatrix en Claus von Amsberg duidelijk willen maken.

DOELSTELLING:
Ons komitee meent, dat Pr. Beatrix het recht heeft om te trouwen met wie zij wil.
Maar gezien haar toekomstige positie, en die van haar echtgenoot, dient zij zich rekenschap te geven van alle bezwaren, die vanuit het volk ten aanzien van haar keuze naar voren worden gebracht.
Indien zij zich geen voldoende rekenschap wil geven, van deze uit oprechte overtuiging gerezen bezwaren, dient zij troonsafstand te doen.
Alle bezwaren zijn echter stelselmatig verkracht.

Voorbeelden:
De uitslag was bij monde van de fraktie-voorzitters reeds voor de stemming in de 2e kamer vastgelegd.
Het petitionnement, dat bij de S.G. is ingediend, is door duizenden mensen niet ondertekend uit angst voor represailles. Een artikel over de jeugd van Claus in Tanganjika was de aanleiding tot de inbeslagname van 360.000 ex. van Panorama.
Bij processen over anti-Claus aktiviteiten handelt men naar politieke willekeur.
Dit huwelijk heeft o.i. een fascistoïde karakter.

Hiernaast een foto van CLAUS (1944) in uniform van het doodskoppen-regiment een berucht onderdeel van HILTERS Wehrmacht.

De nagedachtenis aan de gevallenen van 1940-45 wordt o.i. onteerd, door de deelname van Claus von Amsberg aan eventuele herdenkingsplechtigheden.

OF ZULLEN DEZEN WORDEN AFGESCHAFT ?

Wij roepen U daarom op deel te nemen aan de vreedzame protest-demonstratie, welke plaats zal vinden op de huwelijksdag zelf op 10 maart as, om half 10 op het Jonas Daniel Meyerplein, bij de D O K W E R K E R.
Brengt bloemen en sandwich-borden mede.

Veiligheidsmaatregelen bij monde van een hooggeplaatst politie-funktionaris:
15.000 militairen
5.000 marechaussees

De route wordt om de week gefilmd en alle veranderingen gecontroleerd.

O panfleto com a foto de Claus de uniforme nazista.

tos conspiradores, ficha secretamente os que participam dos happenings.

Do interior chegam fortes contingentes de polícia para reforço em Amsterdã, e o prefeito Van Hall, dando mais uma vez demonstração de seu enorme tato, pede que a casa de Anne Frank, que fica bem ao lado da igreja de Westerkerk, seja requisitada para ser transformada num posto de polícia temporário. O requerimento provoca desconcerto e indignação, a associação estudantil responsável pela gestão da casa, contrária ao casamento, nega a permissão.

O comitê Provo-Orange "A Pérola do Jordaan" consegue arranjar uma foto do noivo em uniforme nazista, tirada em 1944 (regimento "Esfinge"[10]), que é divulgada num panfleto que marca um encontro com os conspiradores, no dia da cerimônia, diante da estátua do Portuário, símbolo da greve antinazista de 1941.

Os Provos declaram oficialmente 10 de março o "Dia da Anarquia". Nem eles sabem exatamente o que acontecerá. Como vimos, Provo nada mais é que um estado de espírito, não é um partido, não tem comitês centrais, não é um clube particular, não tem líderes. Embora, naturalmente, alguns deles pensem que o são, há uns personagens mais exibicionistas que outros, talvez alguns realmente acreditem que existe uma conspiração, e querem participar. Os Provos, necromanticamente, apelam para o Monstro de Amsterdã, a força rebelde do povo entorpecida sob as cinzas, e

10. O nome é emprestado de uma mariposa da família dos esfingídeos (a *Acherontia atropos*). É capaz de voar milhares de quilômetros e tem no tórax uma imagem que lembra uma caveira. (N.E.)

não sabem que o Monstro, uma vez despertado, será incontrolável (como demonstrarão os acontecimentos dali a alguns meses). Deixa-se a estratégia à imaginação do provotariado.

Bernhard De Vries (turma de 1940), um estudante muito educado, muito esperto e de bela aparência, redator do jornal estudantil *Propria Cures*, que há pouco tempo se juntou às fileiras dos Provos, consegue convencer um garoto de dezesseis anos, muito bom em química, a preparar bombas de efeito moral para a anticerimônia. O garoto aceita. Depois, apavorado, entrega apenas os ingredientes, deixando o preparo aos "conjurados" que, com três moedores de café, misturam cloreto de potássio, ácido sulfúrico, nitrito e açúcar em pó. Em seguida, o composto é embrulhado, em formato de bola, em papel-alumínio. Ao todo serão confeccionadas duzentas "bolas prateadas de aspecto sinistro", nenhuma das quais ficará sem uso. A eficácia pirotécnica das bolas e o arrependimento levarão o garoto, Harmen de Bont, a escrever uma carta de desculpas à princesa Beatriz. O escritor Harry Mulisch, colhendo naquela adolescente crise de consciência mais uma prova do ridículo da tão temida conspiração antimonárquica, afirmará triunfalmente que também a Holanda, finalmente, tem seu Oppenheimer (referindo-se ao remorso expresso, após Hiroshima, pelo cientista americano que trabalhou no projeto da primeira bomba atômica).

Na noite da véspera do evento, a polícia, particularmente nervosa, evacua violentamente o percurso do cortejo, onde alguns grupos de fiéis monarquistas, os Oranjeklanten, vindos de toda parte, haviam se postado com suas cadeiras de praia e suas bandeiras, prontos para passar a noite ao relento desde que conseguissem conquistar um bom lugar para assistir ao desfile. Agentes montados em *sidecars* cantam pneus nas calçadas, distribuindo golpes de cassetete aos transeuntes noctâmbulos para limparem as calçadas e treinarem para o dia seguinte.

Em 10 de março, Amsterdã é uma cidade em estado de sítio: em todas as entradas da cidade há postos de bloqueio, muitos carros são parados e revistados, 15 mil soldados, 9.700 policiais e 361 agentes da contraespionagem presidem as ruas. Metade da marinha militar inspeciona os canais, helicópteros sobrevoam a cidade, os hospitais recebem 125 litros de sangue do grupo sanguíneo dos diversos membros da família real, para eventuais transfusões.

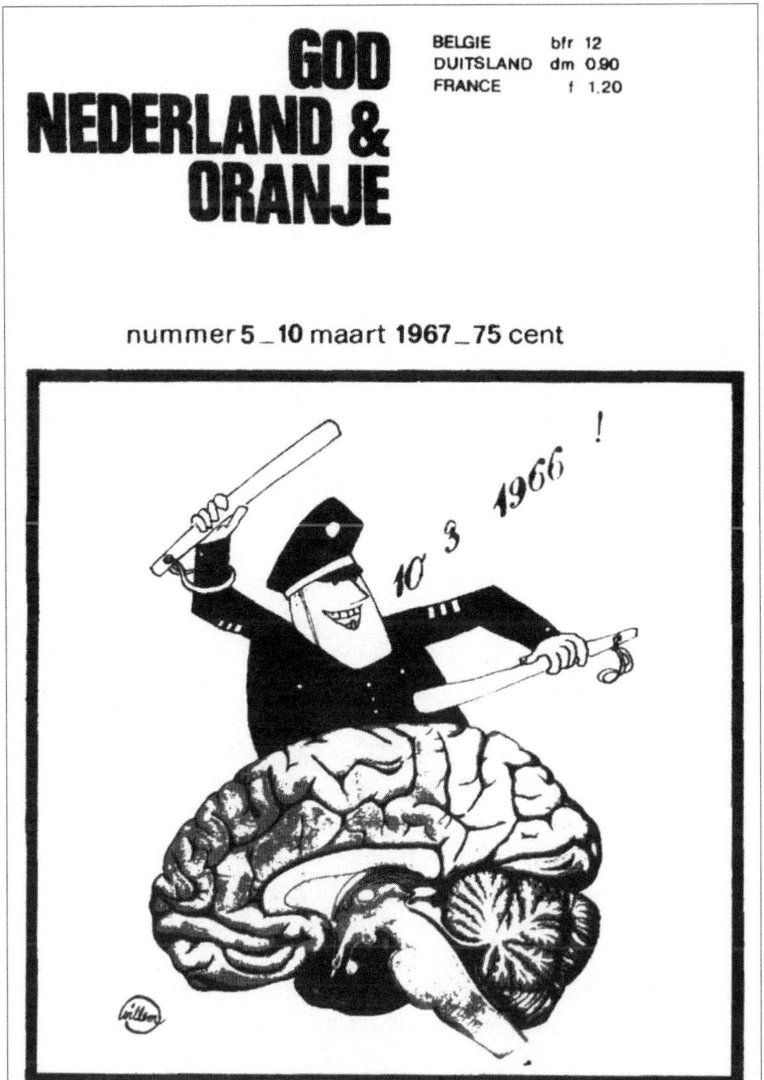


Número 5 da revista *God Nederland & Oranje*, lançada por ocasião do 10 de março de 1966.

Chega também a fabulosa carruagem real dourada: pesando 7 toneladas e em serviço desde 1898, foi munida de vidros à prova de bala e de um eficaz sistema de freios. Os pajens que a acompanham na verdade são policiais, e debaixo dos trajes de gala vestem coletes à prova de balas.

Pouco antes da saída do cortejo nupcial, a polícia descobre e remove de um telhado próximo do município alguns alto-falantes ligados a um gravador que, graças a um timer, deveria começar a funcionar exatamente na hora em que o casal de noivos estivesse entrando no palácio. Nas fitas, além de marchas militares alemãs, estavam gravados alguns discursos de Hitler.

O tão aguardado "casamento do ano" fez acorrer à cidade mais de setecentos jornalistas televisivos e da imprensa escrita provenientes de todos os cantos do mundo. Seu quartel-general é o Hotel Krasnapolsky, que dá justamente para a praça Dam, o centro de Amsterdã, diante do Palácio Real, de onde sairá o cortejo. Se tiverem sorte, poderão assistir ao vivo ao regicídio, caso contrário terão de se contentar em descrever zelosamente os trajes e as joias dos nobres convidados. A paranoia que se respira no ar é tamanha que os chefes da "conspiração", enquanto isso, trataram de mudar de ares: Grootveld tranca-se em casa e fica debaixo dos cobertores o dia todo, Stolk sai da cidade, Van Duijn e Schimmelpenninck refugiam-se em casa de amigos.

Apesar das medidas de segurança, alguns milhares de manifestantes, cujo núcleo central é constituído por um provotariado muito exaltado, se reúnem diante da estátua do Portuário. Depois conseguem se esquivar dos postos de bloqueio e aproximar-se do cortejo. Alguns grupos, subindo de barco pelos canais, conseguem chegar até diante da hipervigiada Westerkerk.

Os partidários da monarquia, até por causa da chuva, não são tantos quanto era de se esperar lendo as crônicas entusiastas dos jornais nacionais, que durante semanas insuflaram o evento folclórico. Amsterdã ostenta toda a sua indiferença, apesar das luminárias de parque de diversões com que foram enfeitadas as ruas por onde o cortejo passará; pelas janelas não há bandeiras tremulando, e nas vitrines das lojas faltam as fotos da realeza. Muitos resolveram acompanhar de casa a transmissão ao vivo, salva em cima da hora depois que os cabos da estação móvel, cortados pelo provotariado, foram substituídos. A ostentosa e anacrônica atmosfera oficial logo arrefece diante de um happening colossal. Assim que o coche com os noivos se movimenta pela cidade, desencadeia-se o caos. É uma sublevação à base de vaias, caroços de maçã e risadas lançadas em rosto a uma nobreza fora do tempo, acompanhada por pajens de perucas e tricórnios e por marciais soldados de cavalaria de penacho.

Também o escritor Harry Mulisch temia o pior e preferiu, patife, acompanhar a cerimônia pela televisão, trancado em casa com alguns amigos.

> Não tínhamos a menor ideia do que poderia acontecer e feito covardes assistimos à televisão. Estávamos felizes porque tinha começado a chover, ao menos alguma coisa estava perturbando a cerimônia, mas isso não nos aliviava do sentimento de culpa. Tantas eram as coisas que poderíamos ter feito, mas enquanto isso a cerimônia prosseguia sossegada. Então, de repente, ouvimos o canto: "Viva a República!" As câmeras de TV, guiadas por umas amas-secas medrosas, afastaram-se rapidamente da cena que acabava de ser enquadrada, em que se viam policiais perseguindo e dando golpes de cassetetes em alguém que estava atrás das barreiras. De repente a imagem começou a se ofuscar

Bomba de efeito moral no dia do casamento da princesa (depois rainha) Beatriz e de Claus von Amsberg. (Foto: Ed van der Elsken)

> até que a tela toda ficou branca. Pensei tratar-se de uma interrupção do programa: a ideia não era ruim. Depois vimos a carruagem com os recém-casados despontando da neblina - e só então compreendi o que havia acontecido, e fui vencido pela emoção. Outros, mais corajosos que eu, tinham salvo a manifestação: estavam lançando bombas de fumaça nas salas da Europa toda, da União Soviética, dos Estados Unidos, do Japão, e eram perseguidos ao longo dos canais e espancados nos átrios por policiais que, tamanha a sofreguidão de alcançá-los, caíam uns em cima dos outros. A polícia montada perseguia outros manifestantes, os alinhava e encostava no parapeito de uma ponte. Estes eram imobilizados com as rédeas, que os policiais passavam ao redor de seus pescoços, e depois os enchiam de chutes, com aquelas botas de montaria com esporas, até fazê-los cair no chão, já sem sentidos. Os gritos podiam ser ouvidos até dentro da igreja: "República! República! República!".

Fora as duzentas bombas de fumaça, os únicos planos Provos levados a termo foram um rato lançado com precisão em cima do coche real desde uma janela e uma corajosa galinha branca que, metida entre as pernas dos cavalos pomposos enfileirados, conseguiu deter o cortejo antes que conseguissem afastá-la. O Provo que lançou a galinha no meio da rua, Kees Hoekert, foi jogado dentro do canal por um grupo de monarquistas fervorosos.

Os vidros à prova de bala e a formação de policiais não conseguiram evitar à dinastia regente uma visão dos próprios súditos (e dos próprios tutores da ordem) nada tranquilizante. Os choques, duríssimos, que tiveram início pela manhã, prosseguiram até a madrugada. As prisões se dão às centenas. Em sinal de desafio, muitos manifestantes pregaram a estrela amarela de David nas próprias roupas e grudaram adesivos antinazistas nos para-brisas dos inúmeros carros vindos da Alemanha para acompanhar o casamento. O casal real, terminada a cerimônia, some e embarca num avião que os levará ao México para a lua de mel, deixando o campo livre para o triunfo público e de mídia do provotariado.

> O pequeno Moleque do sorriso enigmático transformou-se provisoriamente num poderoso monumento da fugaz e ilegal República dos Países Baixos, a república sombra do espírito.
> (Richard Kempton, *The Provos: Amsterdã's Anarchist Revolt.*)

As bombas de fumaça Provo, não particularmente eficazes do ponto de vista bélico, demonstraram ser muito "fotogênicas", um feliz achado capaz de ridicularizar o prestígio do governo e o imponente aparato militar. No dia seguinte todos os maiores diários do mundo trarão na primeira página a foto de uma carruagem real esfumaçada e a palavra PROVO escrita em letras gigantescas. Um jornal francês sai com uma manchete delirante: OS PROVOS TOMADOS POR FRENESI SEXUAL E ATRAÍDOS PELA MORTE JOGAM-SE SOBRE AS BAIONETAS DA POLÍCIA.

Nada a dizer, mais um happening de sucesso!

Os artigos dos correspondentes da imprensa internacional são praticamente unânimes em simpatizar com o protesto juvenil e condenar a despropositada violência das forças da ordem. Aliás, não foram poucos os jornalistas que sentiram na própria pele as pauladas dos cassetetes de couro e de borracha que os agentes, um tanto nervosos, distribuíram até dentro do hall do Hotel Krasnapolsky. Ironicamente, em sinal de cortesia, antes do início da cerimônia cada jornalista havia recebido como presente da Corte um elegante bloquinho de notas para a descrição do evento.

O premiê Cals culpa a imprensa estrangeira pelo acontecido, que chega a ser acusada de ter subvencionado as demonstrações. Incrivelmente, um delegado-chefe da polícia alegra-se porque "deixando de lado alguns incidentes insignificantes" o dia correu bem. Para o *De Telegraaf*, os Provos já demonstraram sua verdadeira natureza intolerante. O jornal os compara aos SA, os camisas-marrons nazistas, e afirma que não passam de bandos que vão às ruas para provocar pancadarias e desagregar a ordem constituída. O semanal conservador *Elseviers' Weekblad* publica um artigo desalentado.

> Desde já precisaríamos de um exército de psiquiatras para tentar curar aquelas pessoas que provocaram os acidentes de 10 de março durante a cerimônia de casamento de nossa Princesa Real. Sua má conduta é tão irracional que realmente não atinamos como reagir. A esses jovens ordinários só interessa mesmo conseguir a atenção do público. Não a merecem. O que aconteceu de fato foi que um punhado de agitadores, ocultos nas sombras, a partir de um abrigo seguro manipularam a situação, conseguindo arrastar para as ruas uns milhares de pessoas que se abandonaram a toda

> espécie de devastação. Neles não havia nenhuma convicção, nenhum sentimento ferido e nem sequer princípios violados. Só havia estardalhaço, petardos e arremesso de bombas de efeito moral, e tudo isso aconteceu por causa de um grupinho que junta aquela parte imatura, cabeluda e desatinada de nossa juventude. A polícia, e tinha todas as razões para fazê-lo, reagiu com firmeza. Agindo dessa forma conseguiu manter sob controle aquele punhado de juventude apodrecida. Esta história incômoda tem de acabar. Todos tiveram a demonstração de como é fácil perturbar a paz de uma grande cidade, basta alguém conseguir chamar a atenção da televisão para que o mundo todo fique com a impressão errada sobre o que realmente aconteceu. Mas não precisamos nos alarmar. Em duas semanas ninguém mais se lembrará desse episódio!

Mas, para sua infelicidade, ainda se falará bastante disso, e a "Batalha dos Cabeludos" atrai para Amsterdã multidões de jornalistas e simpatizantes. A mídia internacional está muito curiosa (e preocupada) com aqueles jovens "vestidos feito delinquentes, de cabelos longos como os das mulheres e que tomam poucos banhos" (como escreve o *Corriere della Sera* em reportagem de Amsterdã), porque estão em inexplicável contraste com a imagem clássica do beat estúpido – criada para seus leitores – capaz unicamente de arranhar um violão nos degraus de alguma praça e de fitar desanimado o vazio durante horas. A mídia quer compreender por que estes Provos não se contentam em frequentar um Piper qualquer e por que estariam criando confusão na sociedade holandesa.[11]

> Quais são hoje as vozes mais vivas da nova Europa, as que melhor expressam o espírito de nosso tempo e mais conscientemente mostram dar-se conta disso? De minha parte, não hesitaria em responder: os "Provos" e o teatro inglês do pós-guerra. (...) Mas quem são eles? Num certo sentido, nada mais que cabeludos holandeses e por isso, poderíamos pensar, algo como uma subespécie humana, absolutamente indigna de entrar para a história. (...) Gostemos ou não, os cabeludos existem. (...) Certamente precisaríamos compreender também estes indígenas, embora, no que me diz respeito,

11. O Piper era uma famosa discoteca de Roma, ponto de encontro dos jovens para dançar e se divertirem livremente, num período em que outra parte da juventude estava envolvida na militância. (N.T.)

eu tenha de confessar que minha compreensão não chega a ponto de admitir que sujeira e profusão de pelos simiescos sejam coisas necessárias para demonstrar que o Velho Mundo realmente ruiu. Aliás, poderia acrescentar que nenhuma revolução, até hoje, foi realizada pela simples recusa a lavar-se ou assumindo liberdade e sabão como substâncias reciprocamente incompatíveis.
Todo o país, no entanto, tem os cabeludos que merece, e de resto, também na Itália há cabeludos de diversas espécies. Na Holanda, na pátria de Erasmo e de Spinoza, os Provos deram início a um novo humanismo. (*Corriere della Sera*)

É um exemplo perigoso e contagioso, na Europa toda estão surgindo grupos Provos. Da Suécia à Itália, da França à Tchecoslováquia, da Suíça à Espanha, e até mesmo nos Estados Unidos.

Eis um panfleto que grupos Provos distribuíram, simultaneamente, em Amsterdã, Gotemburgo, Estocolmo, Bruxelas e Milão:

Provos, beatniks, pleiners, nozems, teddy boys, blousons noirs, gammler, raggare, stiljagi, mangupi, mods, estudantes, artistas, rockers, delinquentes, seres antissociais, anarquistas, inimigos da

Jovens perseguidos pela polícia montada. (Foto: N.V. De Arbeiderspers)

bomba atômica, desajustados. Todos os que não querem fazer carreira, que querem levar uma vida irregular, que se sentem como ciclistas numa rodovia. Nas selvas de asfalto envenenadas pelo monóxido de carbono de Amsterdã, Londres, Estocolmo, Gotemburgo, Tóquio, Moscou, Paris, Nova York, Berlim, Milão, Varsóvia, Chicago. O provotariado é o único grupo de rebelião remanescente na sociedade do bem-estar. O proletariado, satisfeito com a possibilidade de assistir à televisão, tornou-se escravo dos políticos. Associou-se a seu inimigo tradicional, a burguesia, e agora junto com ela constitui uma multidão de empolados e torpes predadores. A nova luta de classes acontece entre o provotariado e a multidão dos predadores.

*O provotariado é uma multidão anônima de elementos subversivos.* A visão de milhões de arrivistas (carreiristas), que abrem caminho às cotoveladas, de indivíduos ávidos de poder, é por demais desalentadora. "A Felicidade!", uma casa própria, um carro próprio, uma televisão própria, uma mulher própria, um marido próprio, uma geladeira própria, uma posição própria. Vivemos numa insossa sociedade de massa. O indivíduo criador é posto de lado. Nosso

CORRIERE DELLA SERA

DIFFICILE CAMMINO DELLA PROSPERITÀ

FISCHI E BOMBE FUMOGENE ACCOMPAGNANO LA CERIMONIA DI AMSTERDAM

Una clamorosa protesta popolare turba le nozze di Beatrice d'Olanda

Manchetes até nos diários italianos, no dia seguinte ao casamento.

modo de viver é estabelecido por um grupo restrito de indivíduos soporíferos, quer do Oriente quer do Ocidente.
Mas os Provos querem ser eles mesmos!
*O provotariado abole o consumidor escravizado.*
Vivemos numa sociedade autoritária. As autoridades (os chefes da multidão de predadores e lacaios) decidem o que deve ser feito. Estamos fartos. Nós organizamos happenings. O happening é nossa contribuição para o desenvolvimento fora do qual as autoridades querem nos manter. Contra nossa vontade, as autoridades preparam a guerra nuclear. Por todos os lados acumulam-se arsenais destinados à destruição de massa: nos Estados Unidos, na Inglaterra, na França, na União Soviética e na China, e estão se preparando para fazer a mesma coisa na Alemanha Ocidental, na Suécia, na Indonésia, na Índia etc. Se a guerra no Vietnã se transformar em guerra nuclear, provavelmente todo o hemisfério norte se tornará inabitável! As autoridades estabelecem não somente como temos de viver, mas também do que temos de morrer.
*O provotariado tem medo da guerra nuclear das autoridades.*
Portanto o provotariado está, em toda parte, em conflito com as autoridades. A polícia nos espanca quando nos manifestamos contra a bomba atômica, quando executamos nossos happenings, e espanca os mods quando eles (num protesto inconsciente contra a sociedade) se comportam do modo que lhes é próprio. A polícia desforra a própria agressividade contra nós, os Provos.

A polícia foi a outra grande protagonista do dia 10 de março. Mais uma vez demonstrou-se um coadjuvante perfeito para a estratégia do provotariado, que sempre lhe foi grato por sua gentil colaboração, basta pensar que os Provos várias vezes saúdam os agentes ensandecidos com um aterrador grito de guerra: "A polícia é nossa melhor amiga!" Em gíria, os tiras são chamados de "kip", galinhas (mais um pobre animal, depois do *pig* americano, o porco, que serve para designar os tutores da ordem), e a eles será dedicado um novo e zombeteiro Plano Branco.

Deixem de se preocupar em carregar fósforos no bolso. Peçam para um policial, seja lá o que for que vocês quiserem acender. Essa troca pode ajudar na comunicação entre o cidadão e a polícia. Esse é o primeiro passo para fazer com que a "Galinha Azul" evolua para "Galinha Branca". Suas tarefas principais serão as de sempre, carregar consigo fósforos, coxas de galinha, contraceptivos, maçãs e laranjas, mas, sobretudo, os policiais terão de levar as bicicletas brancas quebradas ao conserto.

A redação final do plano ficará a cargo de Auke Boersma e será publicado em *Provo 9*.

**Plano das Galinhas Brancas**

As recentes ações da polícia, estritamente ligadas ao aparecimento do provotariado, demonstraram que, no atual estado das coisas, restam à polícia apenas duas alternativas: prestar atenção ou espancar todo mundo.

A polícia, abalada em seus alicerces por novas formas de expressão artística, mais de uma vez demonstrou ser totalmente inapropriada para suas tarefas. Provo tentou exorcizar o espectro da violência evocado pela polícia com meios pacíficos. Deram-se inúmeros passos para tentar solucionar essa incompreensão. Encontros com o burgomestre de Amsterdã e com o chefe da polícia demonstraram-se inúteis. Os esforços do provotariado deverão se concentrar na comunicação com cada policial isoladamente.

O massacre de 10 de março levou Provo a instituir o comitê "Amigos

As provocações irônicas que antecederam os choques. (Foto: Ed van der Elsken)

da Polícia". A Galinha Branca é a pomba da paz do provotariado.
Eis o programa dos "Amigos da Polícia":

1. Desarmamento

Antes que haja vítimas, a polícia tem de ser desarmada. Na Inglaterra, a polícia é desarmada. Por isso, é desarmante. Para isso acontecer, é necessário que polícia e público consigam comunicar-se de maneira apropriada. Na França, Bélgica, Alemanha e Itália, a polícia só pode usar armas de fogo para autodefesa.

2. Trabalho social

A Galinha Branca é o trabalhador social do futuro. Ficará encarregada da distribuição de curativos, ataduras e medicamentos nas situações de emergência. Sempre estará guarnecida de fósforos e preservativos, e também de laranjas e coxas de galinha para o provotariado esfomeado.

3. Reorganização

As forças da polícia de Amsterdã deverão ser reorganizadas de modo a ficarem sob a jurisdição da Câmara dos Vereadores e não do prefeito. Se surgirem problemas com relação ao comportamento da polícia, cada policial, individualmente, terá de justificar seus atos diante de comissões especiais.

Cada prefeitura elegerá democraticamente o chefe da polícia. Será instituído um centro de documentação, de livre acesso, onde os que não estiverem satisfeitos com a atuação e a organização da polícia poderão buscar as provas para sustentar suas reclamações.

4. Trânsito

Assim que o Centro Mágico de Amsterdã for fechado para o transporte particular, a polícia ficará desimpedida e auxiliará o fluxo do trânsito para fora do centro. A Galinha Branca se locomoverá numa bicicleta branca e ficará encarregada de levar as bicicletas quebradas às oficinas de conserto, onde encontrará mecânicos amadores e do tipo "faça você mesmo", capazes de pintar e consertar as bicicletas como parte de seu programa de criação e recreação.

5. A Farda

A Galinha Branca será vestida com uma farda branca, símbolo de sua função social.

No período de transição sugerimos um chapéu branco.

A Galinha Branca simboliza a doce (r)evolução das relações sociais.

O projeto experimental "Galinha Branca" é lançado durante a abertura da mostra fotográfica *10-3-66*, organizada em 19 de março por um grupo de estudantes e dedicada à brutalidade da polícia durante o casamento da princesa. Comparecem à abertura centenas de pessoas.

"Antes de declarar esta mostra aberta, tenho de avisá-los que vocês estão para se colocar numa situação perigosa. Estão vol-

Choques entre Provos e policiais. (Foto: N.V. De Arbeiderspers)

tando as costas à polícia de Amsterdã." Com tais palavras o escritor Jan Wolkers abre a mostra. Acabara de recusar um prêmio literário de 2.500 florins, que lhe fora conferido pelo prefeito Van Hall, em protesto contra a política repressora das autoridades.

Os presentes brindam Wolkers com uma galinha branca, a heroína do levante antimonárquico que, com grande desprezo pelo perigo, deteve a carruagem real. O evento transforma-se numa verdadeira festa, à qual, pouco mais tarde, junta-se a polícia (que não fora convidada), que de imediato - para felicidade dos muitos que ficaram de fora e que não conseguiram entrar para ver a mostra - exibe-se ao vivo em seu número favorito, reproduzindo perfeitamente as situações fotografadas e penduradas nas paredes da galeria Polak & Van Gennep. Ataques, furor contra as garotas, golpes de sabre e insultos. Os agentes apreendem também vinte galinhas brancas que estavam lá para participar do happening. Mulisch descreve-os como pertencentes a "uma sociedade masculina, composta em grande medida por indivíduos virgens, que reagem com particular e sórdida ênfase à visão de moças de minissaia e de rapazes urbanos de cabelos compridos, barbudos, quatro-olhos, que não se parecem minimamente com policiais à paisana". Um fotógrafo, Cor Jaring, vai mais fundo:

> Aquilo que eu vi parecia uma versão teatral de *Mein Kampf*. Vinham-me à mente aquelas pilhas de cadáveres nas fossas comuns. Aqueles Provos estavam transformados numa montanha de braços e pernas se agitando. De vez em quando uma cara de olho preto ou uma ferida vermelha sobressaía. Estavam cercados por 25 policiais que os espancavam como sádicos com seus cassetetes. Via-os gritando de prazer, verdadeiros e genuínos gritos de satisfação. Nunca tinha visto rostos tão cruéis, corruptos, repugnantes como aqueles que eu via naquele momento. Lá estavam eles, com as carrancas contraídas, sovando aquela massa humana. Alguns acompanhavam seus golpes com gritos guturais.

Os Provos que conseguiram se desvencilhar da polícia terminam o dia acendendo fogueiras sob os pórticos do Paço Real, enquanto outro grupo procura manter acordado o prefeito, uivando a noite toda.

Na mesma noite, a televisão mostra a gravação dos incidentes diante da galeria, chocando os telespectadores. O programa de televisão encerra-se com uma declaração do prefeito Van Hall, pedindo aos Provos um sinal de racionalidade e fazendo um apelo para que a cidade volte à paz, esquecendo-se de que quem manda na polícia é ele mesmo. No dia seguinte, dois Provos aparecem na casa do prefeito e entregam ao primeiro-cidadão, pasmado, dois frangos assados. As imagens dos incidentes, filmadas por Louis Van Gasteren, tornam a ser montadas no filme intitulado *Por que Minha Bicicleta Estava Lá*, cuja exibição é proibida nos cinemas por motivos de ordem pública.

Grootveld, enojado com o nível de violência que se alcançou no Centro Mágico, decide não insuflar mais os acontecimentos, embrulha seus poucos pertences e vai para o sul: viaja para a Itália, depois se muda para a Dinamarca, onde dá vida a uma "Campanha para a Adoção dos Americanos" na qualidade de raça de adoráveis idiotas que precisam ser acompanhados de perto para não arranjar encrencas para o mundo. Ao regressar à Holanda, passará um certo tempo no sanatório para tratar as sequelas de seus protestos antifumo. Apesar de sua ausência, o Spui continuará, todo sábado à noite, sua função de lugar ritual dos desenfreios coletivos.

Seria demasiado longo e maçante mencionar a lista dos eventos de Amsterdã nos meses seguintes. 1966 é um ano turbulento. Para acompanhar todas as atividades dos Provos é preciso encarar a vertigem, entre manifestações, invasões, happenings, fogueiras, protestos antiamericanos, contra Portugal, Espanha etc. etc. Os relatórios da polícia, no período exclusivo que vai de abril a junho, listam mais de uma centena de episódios de protesto. Uma média de mais de um ato por dia! Nada a dizer, Provo é um verdadeiro *workaholic* da provocação.

Talvez o evento digno de maior nota seja o não happening de 26 de março, anunciado por *Provokatie* nº 12, no qual se convida o provotariado a participar, com a própria ausência, do encontro semanal diante do Lieverdje. É um sucesso: pela primeira vez em anos, a Spui, no sábado à noite, está deserta.

Também seria inútil listar, além das contínuas pancadarias da polícia, mais ou menos brutais (nesta altura, muitos Provos deram para vestir escudos de borracha debaixo dos casacos), todas as ações judiciais, os processos e as condenações acionadas pela magistratura para conter os Provos. A situação já é tal que oferecer uvas-passas a um transeunte qualquer, num gesto de cortesia, é o que basta para as

PROVOCEER!
stemt
lijst
PROVO
12

"galinhas azuis" levarem alguém. É o que acontece a Koosje Koster, uma jovem participante dos happenings diante do Lieverdje. Na delegacia, é despida à força por uma policial feminina e por três agentes que querem, com isso, lhe dar uma lição e humilhá-la. Hans Tuynman é condenado a três meses de reclusão por ser "suspeito de querer fazer um discurso não autorizado". A prisão em que ele está trancafiado passa a fazer parte do itinerário Provo.

> Provavelmente sempre haverá esquimós querendo sugerir aos congoleses, afetados de febre tropical, o que eles devem fazer. (...) Neste Estado de direito (direito de quem? dos que estão no poder?), os malfeitores, os ladrões, as prostitutas e similares são detidos por algum tempo, com a finalidade de permitir que eles aperfeiçoem as próprias técnicas. Os Provos são detidos para que possam empreender, com maior audácia e com mais profundo desgosto por esta sociedade, a PROVOcação da mesma.

Após os eventos de 19 de março, entre as fileiras dos Provos assiste-se a uma discussão bastante animada. Em 1º de junho haverá eleições para a Câmara dos Vereadores de Amsterdã, e alguns Provos decidem candidatar-se. A escolha não se dá de modo tranquilo. Como anarquistas, muitos consideram isso uma blasfêmia, e outros se opõem porque isso rebaixaria Provo de movimento de rua a força política institucional.

"Nada de bom pode sair da Câmara dos Vereadores. A questão toda não tem o menor sentido. A democracia não passa de um montão de papelada, uma ditadura semifascista contra a qual é preciso opor-se" (Rob Stolk).

A assembleia que decide pela participação não tem mais de quarenta membros. As motivações para um passo tão perigoso são "ver que efeito provoca", fiscalizar os fiscais e procurar tirar da própria nuca, por um certo período, o bafo da polícia. Embora as dissensões permanecessem, a liberdade de escolha, como sempre, é total, cada qual faz o que quer. No final, a possibilidade de participar de uma nova aventura leva muitos deles a colaborar com a lista. E solta-se a criatividade: Amsterdã é coberta pelo número 12, o número da chapa Provo. Os "cartazes" de propaganda são absolutamente geniais, os exemplos mais inverossímeis de propaganda eleitoral da história: colagens enormes, janelas enfeitadas sobre os canais, sutiãs pintados, decorações natalinas, pincéis colados nos muros, esculturas fluorescentes e bonecos coloridos, todos com o número 12 bem à vista. O ateliê Provo gera novas ideias o tempo todo, porque é preciso substituir continuamente as obras de arte eleitorais, que

Mais um folheto para a lista 12 dos Provos.

são roubadas pelos admiradores ou jogadas nos canais pelos adversários políticos. Do final de fevereiro em diante, os Provos têm à disposição uma tipografia semiclandestina instalada no porão do compositor de música eletrônica Peter Schat. (Peter Schat, notório defensor do movimento, é o famoso autor de *Labirinth*, uma grande obra–happening representada em Amsterdã, naquele mesmo ano, numa lona de circo, cujas músicas tiveram a colaboração do italiano Bruno Maderna. *Labirinth* é um espetáculo que marca época, "uma forma de teatro total: não apenas teatro, mas também cinema, balé, oratório, complô anarquista".)

Com o dinheiro das vendas do jornal (em constante aumento), os Provos compraram a prazo uma máquina para impressão off-set; a partir do número 7, *Provo* já não é mimeografado. Durante o período da campanha eleitoral a gráfica trabalhará a todo vapor, dia e noite, produzindo todo tipo de cartaz, folheto e até mesmo umas edições falsas do jornal que lhes é mais hostil, o *De Telegraaf*, rebatizado para a ocasião *De Teleraaf* (o corvo). Orgulhoso representante da Classe Ociosa, o provotariado, quando se trata de trabalhar para a grande provocação, certamente não dá para trás.

Os slogans eleitorais não deixam margem a dúvidas, são o que de mais esquisito os eleitores já viram ser prometido desde que existe o sufrágio universal: "Votem Provo para ter tempo bom" (uma proposta realmente tentadora para uma cidade fria e chuvosa como Amsterdã). "Votem Provo e darão boas gargalhadas!"

Num prospecto aparece uma *Poesia Eleitoral*, especialmente escrita por Simon Vinkenoog:

> À triste população de Amsterdã.
> Sabem o que são, seus vermes?
> Nada mais são que um vulgar pedaço de carne para voto,
> tranquilamente enroscado à fatal disciplina
> do partido político do papaizinho de vocês,
> enquanto eles se certificam
> de que vocês afundem cada vez mais na merda,
> cada vez mais sem espaço, cada vez mais incompetentes, cada vez mais subordinados, cada vez mais esmagados, mais estúpidos ainda do que vocês eram de início. Ao menos mais estúpidos do que eles os consideram.
> Nem sequer podem respirar o ar que é de vocês!

Têm de observar as leis deles, tão antiquadas!
Vocês nem podem dançar pelas ruas! Brincar, amar, fazer poesia, tudo é proibido!
O que eles fizeram aos músicos ambulantes? Aos tocadores de acordeão? Aos malabaristas? Aos palhaços? Aos músicos? Aos que desenhavam imagens sacras nas calçadas?
Foram enxotados e perseguidos, em nome do deus pagão do Trânsito.
Vocês nem podem ser vocês mesmos, eles lhes dizem como vocês têm de ser. Vocês nem podem ficar em casa, no fodido cantinho de vocês, eles rosnam em cima de vocês e derrubam sua porta.
Au Au Au. Late a Autoridade Pública.
Cuidado com o cachorro do poder.
Cuidado com a morte de farda preta.
Manifestem sua liberdade. Mostrem que estão pouco se lixando para as botas deles.
Não se pode comprar a vida.
Riam na cara do poder deles: votem Provo!
Idiotas, é uma boa ocasião para salvar a própria vida,
o único modo para fazer com que os jovens possam dizer o que pensam,
a primeira vez em que poderão ser vocês mesmos
(e não autômatos votantes,
escravos de mais alguém,
dos subordinados de quem quer que seja,
dos inimigos do homem)!!!
Votem Provo chapa 12 para uma câmara de vereadores de Amsterdã renovada, uma Câmara de Vereadores com 13 Velhos e Jovens Sábios!
Procurem pensar além do nariz de vocês! Votem pelo futuro!
PROVO chapa 12.
(Naturalmente, o voto de uma pessoa consciente vale o dobro.)

O programa eleitoral concentra-se em tornar o Centro Mágico ainda mais vivível. Como as demais vanguardas criativas que os precederam, os Provos adoram sua cidade. Além das excentricidades de sempre, existem os famosos Planos Brancos, bem conscientes, reunidos num opúsculo intitulado *O que Querem os Provos,* redigido por Duco Van Weerlee. Eis o que querem:

Bicicletas Brancas: que serão de propriedade coletiva de todos os habitantes de Amsterdã que querem que as “caixas ostentadoras de *sta-*

*tus*" (também chamadas automóveis) fiquem fora do centro da cidade.
Chaminés Brancas: contra a poluição atmosférica; construção obrigatória de incineradores; multas para quem polui.
Galinhas Brancas: o policial tem de tornar a ser seu melhor amigo, como um *bobby* inglês, um assistente social com balas e band-aids no bolso.
Moradias Brancas: a carência de habitações será limitada mediante a publicação semanal de uma lista de edifícios vazios.
Sexo Branco: no interesse das moças menores de idade em emancipação. Igualdade de direitos para os homossexuais menores de idade.
Escolas Brancas: a possibilidade de estudos e debates democraticamente organizados.
O Palácio Real sobre o Dam terá de se tornar a nova Prefeitura. A estátua de Van Heutsz, o vergonhoso monumento ao militarismo e ao colonialismo, tem de ser demolida.
Chega de despovoamento do centro! Decreta-se o direito ao happening! As ruas têm de ser transformadas em quadras de jogo! O bom Van Hall tem de sair de férias! Educação sexual disseminada! Controle popular dos membros da câmara de vereadores e das autoridades do governo! Tem de haver mais lugares abertos à noite. Para dar o exemplo, os museus têm de ficar abertos à noite para os que trabalham durante o dia. Os transportes noturnos têm de ser baratos. Amsterdã tem de se tornar uma Cidade Branca. O primeiro segmento de New Babylon!

Alguns planos (Bicicletas e Galinhas Brancos) já os conhecemos; eis os detalhes dos outros.

**Plano das Chaminés Brancas** (elaborado por Schimmelpenninck)
O despejo de substâncias estranhas na atmosfera pode se dar apenas mediante tubulações específicas, especialmente construídas e registradas.
Tanques, tubulações e aparelhos têm de ser fabricados de modo a prevenir eventuais vazamentos.
Instalações que incluam válvulas de segurança devem ser projetadas para que o conteúdo não possa ser expelido diretamente no ar.
O uso de recipientes para substâncias tóxicas ao ar livre é proibido.
É proibido descarregar no ar substâncias radioativas, sulfito de hidrogênio, ácido fluorídrico. A comunidade deve ser ressarcida, a preço fixo estabelecido, pela descarga dos seguintes produtos no ar: CO, SO, CS, O, fuligem, hidrocarbonetos, óxido de ferro, óxido

de alumínio, pós de combustão, produtos que contenham alcatrão. Custo adicional por distrito: a porcentagem do custo adicional por distrito é calculada conforme o número de habitantes por acre num raio de 16 quilômetros do ponto da emissão. Cem habitantes por acre correspondem a um aumento de 100%. As instalações móveis pagarão 500%. As pequenas caldeiras para uso doméstico não necessitarão de registro. O imposto devido deverá ser uniformizado, não com base na incidência distrital, mas diretamente para o produtor ou indústria que instalaram o aparelho, e deverá ser calculado de acordo com o volume de gases venenosos liberados no ar por um aparelho de aquecimento doméstico normal. O imposto diminuirá proporcionalmente à altura das chaminés: acima de 4,5 metros, redução de 10%; acima de 9 metros, redução de 20%; acima de 14 metros, redução de 30%; acima de 18 metros, redução de 40%; acima de 23 metros, redução de 50%; acima de 30 metros, redução de 65%. A cor da fumaça deverá ser mais clara do que o nº 1 da escala Ringelman. A temperatura da fumaça deve ser no mínimo 25°C mais alta do que a temperatura de condensação ácida de seus gases.

**Plano das Mulheres Brancas** (elaborado por Irene Donner)
Em nossos dias as mulheres lutam lentamente para retornar a seu estado primário de amantes da vida.
Ainda existem obstáculos a remover antes que possamos alcançar esse estado. Um dos mais importantes é aquele representado pela gravidez indesejada. Por sorte, a medicina progrediu a ponto de poder prevenir a gravidez sem interferir no ato do amor.
A gravidez fora do casamento foi um dos problemas mais sofridos até hoje. Quer se resolvesse em aborto, no nascimento de um filho ilegítimo ou num casamento forçado, a situação sempre era desesperadora e as consequências frequentemente desastrosas. Para evitar que isso aconteça, proponho algumas simples medidas:
1. Ao lado dos centros de assistência à infância e dos serviços médicos escolares, os postos de saúde locais terão de incluir uma clínica para moças e mulheres, onde elas possam receber contraceptivos e conselhos médicos.
2. Todas as moças, ao completarem dezesseis anos ("a idade boa para se casar"), deverão ser convidadas a visitar esses centros, se já não o tiverem feito por iniciativa própria.
3. Os médicos escolares devem comunicar às adolescentes a existência destas clínicas.

Os casais que já tiverem dois filhos deveriam ser avisados de que se desejarem ter outro filho estarão agindo como irresponsáveis. O aumento da população é alarmante. Não entendo por que as populações dos países subdesenvolvidos deveriam ser as únicas a tirar pleno proveito dos novos métodos de controle da natalidade. Se essas medidas fossem adotadas, as moças teriam a possibilidade de adquirir experiência ao fazer amor da adolescência em diante. Cresceriam de modo mais equilibrado, e quando chegasse a hora estariam capacitadas para fazer uma escolha criteriosa quanto a casamento e filhos.
Posto isso, parece-me inútil frisar que casar virgem é um ato irresponsável, para não dizer chocante; espera-se que você, mulher, se case com o primeiro homem que encontrar. Mas você poderia errar na escolha, pois não teria nenhuma garantia de que se dariam bem sexualmente.

**Plano das Moradias Brancas** (redigido por Hans Niemeyer)
Só podemos mencionar algumas dentre as diversas possibilidades para a melhora da situação das moradias, ou seja, as que podem ser executadas imediatamente. Em resumo, são estas:
Pôr um freio à especulação imobiliária por parte do Estado, das prefeituras, dos industriais, investidores e privados.
No que concerne aos planos reguladores municipais: no caso em que se opte pela demolição dos velhos prédios para dar lugar a novos, se os trabalhos de demolição não forem executados de imediato, todas as edificações deverão ser gratuitamente disponibilizadas para a habitação temporária dos solteiros, das jovens famílias ou dos estudantes. Essas pessoas terão liberdade de melhorar, segundo seu próprio discernimento, as habitações e o bairro. Por outro lado, será necessário adiar qualquer projeto de reconstrução até que a crise da moradia não estiver resolvida. Os prédios da cidade (especialmente os do centro histórico), hoje utilizados como escritórios, têm de voltar à sua função original de habitação. Desse modo se deteria o despovoamento do centro histórico. Waterlooplein deve continuar sendo um mercado ao ar livre. As casas do bairro devem ser restauradas ou reconstruídas. É preciso abandonar o projeto de construção de uma nova prefeitura naquela área. Que se continue usando a velha prefeitura. Se realmente houver necessidade de mais espaço, que se requisite o palácio real sobre o Dam, que acabou de ser restaurado com enormes despesas (e que por direito nos pertence).
Além disso, seria preciso iniciar, com urgência, um estudo sobre os métodos de construção mais econômicos e mais eficientes – por

exemplo, materiais pré-fabricados mais leves e produzidos em série, coordenação dos métodos que já estão sendo utilizados. Essa coordenação poderia surgir do esforço conjunto entre indivíduos ou grupos e o Estado e a prefeitura, que deveria fornecer terrenos para habitações experimentais e projetos de bairro.

Em 30 de abril, festa nacional para o aniversário da rainha, o comitê Orange-Provo "A Pérola do Jordaan" organiza uma celebração do provotariado, cujo ponto culminante é a eleição da Miss Provo. O programa inclui uma maratona ciclística ao redor do Palácio Real com bicicletas brancas; um torneio de lançamento de ovos, manteiga e queijo entre Provos e polícia; um leilão das cópias de *Provo* que conseguiram escapar à apreensão; demonstração de ar fresco; competição de tiro de bombas de efeito moral; concurso de pintura no asfalto; jogo de futebol com laranjas; concerto de uma orquestra de flautas de madeira; distribuição de prêmios. No decorrer da cerimônia, o chafariz de Leidsplein é transformado numa enorme laranjada, despejando-se nele sacos de suco de laranja em pó. Alguns fascistas da organização Jong Europa (Jovem Europa) que estão lá distribuindo panfletos são jogados no chafariz. Uma enorme Baleia Branca, construída com colchonetes de praia e lençóis, é lançada num canal próximo.

Comício eleitoral de 1966 para a Câmara de Vereadores, próximo da estátua do Lieverdje, na Spui. A chapa Provo consegue uma cadeira. (Foto: Koel Wessing)

Todos os ocupantes da Baleia são detidos pela polícia. Uma menina de dois anos é eleita Miss Provo por unanimidade (as princesas da Casa Orange, embora convidadas a participar do concurso, não apareceram).

A comemoração acontece ao redor do Palácio Real de Amsterdã, ex-prefeitura da cidade, roubada da municipalidade por Luís Bonaparte durante seu breve reinado. Um edifício usado raramente para cerimônias oficiais, uma espécie de dependência que, durante a maior parte do ano, permanece desoladamente vazia, pois a rainha prefere viver nas proximidades de Haia. Um verdadeiro desperdício de espaço, numa cidade que tem poucos espaços. Os Provos aproveitam o aniversário da soberana para lhe fazer um apelo.

> PARA SUA ALTEZA REAL, A RAINHA DOS PAÍSES BAIXOS, JULIANA DE ORANGE ETC. ETC.
>
> Senhora:
>
> Nos últimos tempos há uma tendência crescente a falar mal da juventude de Amsterdã.
>
> A opinião do Comitê Orange "A Pérola do Jordaan" é que essas vozes não espelham a situação real.
>
> A juventude de Amsterdã é a mais criativa da Holanda, mas seu desenvolvimento criativo é frustrado diariamente por uma terrível falta de espaços.
>
> As ruas, reservadas principalmente ao trânsito, revelaram-se inadequadas como quadras de jogo.
>
> Além disso, os motoristas sabem que podem contar com a proteção de poderosas forças de polícia.
>
> Sabemos que esse problema não escapou de Sua atenção. Certamente o professor Buikhuisen discutiu com a Senhora esses temas.
>
> Acreditamos ter encontrado a solução para essa situação intolerável.
>
> A NECESSIDADE PRIMÁRIA DA JUVENTUDE DE AMSTERDÃ É O ESPAÇO.
>
> O Comitê vem pedir-lhe respeitosamente que ofereça o Paço da Praça Dam, que na maior parte do tempo permanece vazio, como centro criativo para os jovens. Desse modo a juventude de Amsterdã poderá desenvolver de modo positivo o próprio potencial criativo.
>
> No aguardo de Sua resposta, permanecemos em esperançosa espera, assinado O Comitê Orange "A Pérola do Jordaan".

A rainha Juliana não responde. Embora seja uma das pessoas mais ricas do planeta, em lugar de provar sua magnanimidade com os jovens súditos criativos, demonstra uma total falta de senso das proporções, pedindo que o governo dobre (!) seu apanágio anual, não lhe bastando os extraordinários lucros garantidos pela KLM, pela Royal Dutch Petroleum, pela Standard Oil, pela Adam Express e pela Anaconda Copper, empresas, todas essas, das quais ela é proprietária ou acionista. O desenhista Willem é denunciado por ter publicado em seu jornal, *God Nederland & Oranje*, uma vinheta em que a rainha Juliana é representada como uma daquelas "mulherzinhas na vitrine" de Amsterdã, expondo o preço (igual ao apanágio solicitado) de seus serviços na janela.

Vinheta de Willem, do nº 1 da revista *God Nederland & Oranje*.

O documento também menciona o encontro entre o professor Buikhuisen e a rainha. A soberana, alarmada com os eventos de Amsterdã, chamou à corte para uma consulta aquele que, erroneamente, é considerado o maior especialista da praça no "problema Provo". Como vimos, a experiência do professor nada mais é que ter fornecido, fortuitamente, o nome ao sujeito social que rondava pelo Lieverdje. Graças aos Provos, Buikhuisen viverá um instante de glória e será disputado por universidades, mídia e agências do governo. Todas as publicações Provos chegam regularmente à corte para serem estudadas. Pelas sucessivas convocações à corte, podemos ter uma ideia da evolução da postura das autoridades com relação aos jovens rebeldes. Para arrasá-los, de início são convocados expoentes da polícia, depois é a vez dos criminologistas e dos psiquiatras. Os últimos convocados, após se dispensarem todos os demais, serão os sociólogos. O sinal mais evidente dessa mudança de rota será o Discurso da Coroa de 21 de setembro de 1966, que teve lugar em Haia.

> Em acordo com as organizações privadas, o governo busca soluções que respeitem o desejo de renovação manifestado cada dia mais intensamente pela juventude em campo espiritual e social, bem como em campo político. Ainda que essa vontade de renovação amiúde se expresse com críticas violentas à ordem estabelecida e às opiniões correntes, uma coletividade democrática tem o dever de apreciá-la com muita seriedade.

Após pronunciar esse discurso, a rainha, trajando um vestido longo de renda verde e um chapeuzinho com graciosas plumas da mesma cor, tem de abandonar o parlamento por uma porta de serviço e retornar escondida ao palácio, porque na ida, apesar das medidas tomadas (3 mil guardas ao longo de 2 quilômetros de percurso!), sua carruagem dourada foi bombardeada e defumada por esquadrões Provos locais.

Apesar dos resmungos e das críticas, os Provos conseguiram apresentar uma lista com 13 candidatos. Em primeiro lugar está Bernhard De Vries, temporariamente detido por uma tentativa - no melhor estilo irmãos Marx - de ajudar Hans Tuynman a evadir-se (foi pego em flagrante enquanto tentava entrar na penitenciária com uma longa corda, um rádio quebrado, um mapa turístico da Espanha e alguns petardos). Em seguida temos Irene Donner, ativista feminista temporariamente encarcerada por ter se recusado "a dispersar-se"; Koosje Koster (a moça da uva-passa), temporariamente encarcerada por ter pregado, sem autorização, alguns cartazetes; o escritor Jef Last, de 68 anos; o barbudo Van Tuyn; o neo-babilonês Constant Nieuwenhuis; o inventor do Plano das Bicicletas Brancas, Luud Schimmelpenninck. Em linha com o espírito de descentralização Provo, decidem que, em caso de vitória eleitoral, a cadeira será ocupada, por toda a duração do mandato (cinco anos), por cinco pessoas diferentes, uma ao ano, em rodízio.

Apesar do clima intimidante que pairava e da desvantagem nada secundária de que na Holanda a maioridade só se alcança aos 23 anos, a chapa Provo 12 consegue 13 mil votos (2,5%) e conquista uma cadeira.

É eleito o Provo menos radical e mais representativo do ponto de vista físico: o ex-estudante empreendedor, o que havia arranjado as bombas para o ataque à carruagem dourada. Por um certo período, De Vries ameaçará, na Europa, aquele lugar nos corações e nos diários das mocinhas beat costumeiramente ocupado por Paul McCartney e Mick Jagger. Suas fotos, cercadas de coraçõezinhos, dominam o cenário nos aposentos de toda adolescente de aspirações rebeldes que se preze (para as demais, um Gianni Morandi qualquer será suficiente). Seus grandes olhos claros e certa vaga semelhança com James Dean o levarão a tentar, sem muita sorte, o caminho do cinema. Desembarcando em Cinecittà, acabará triturado sem piedade por inglório filme série B, *O Sexo dos Anjos*, de certo Ugo Liberatore (1969), uma grande porcaria marinharesca, à base de pequenas orgias, sangue e LSD (com trilha sonora iê-iê-iê).

Entrementes, uma agência turística acrescenta ao clássico giro pelos canais uma nova e emocionante atração para seus clientes: uma visita pelo Spui, nos rastros dos Provos. Mas acontecem coisas até piores: a VVV, órgão estatal para o turismo, organiza, numa cidadezinha às portas de Amsterdã, falsos happenings, com até falsos choques entre falsos Provos e falsos policiais, dos quais os turistas, mediante pagamento de ingresso, podem participar ou tirar um retrato ali no meio.

O escandaloso comportamento discriminatório da polícia e da magistratura para com os Provos (que por ridículas infrações são condenados a penas exemplares) levará 1.200 intelectuais a assinar um documento de protesto. O manifesto, que se abre com as palavras "Nosso sentido de justiça foi humilhado", após listar diversos episódios de intolerância, encerra-se desta forma: "Desejamos que todos os oficiais da polícia, os prefeitos, os vereadores, os magistrados, os membros do parlamento, o governo e todas as demais autoridades façam o que estiver a seu alcance para restabelecer razão e imparcialidade na administração da justiça. Razão e imparcialidade que neste momento não existem". Os signatários tentam publicar o texto nas páginas dos anúncios pagos dos principais jornais. Todos os jornais se recusam. Após longas hesitações, apenas dois diários de área socialista aceitam.

Entre os signatários também encontramos um membro do movimento Cobra, o artista Lucebert, que dedica uma poesia ao movimento:

*Em defesa dos Provos*
A situação era tão obscura que nos escapava
havia demasiadas palavras para aqueles rostos molhados de suor e medo
outros rostos serviam a morte rindo
com as articulações dos maxilares explodindo velozes
línguas generosas ligadas a leitos de cimento
rostos que nunca fizeram sombra a pessoas superexcitadas
rostos cheios de bicos de seios para dar de beber a porcos sedentos de sangue
com a onipresente cebola quente sob o olho perenemente escancarado
"o olho do Provo será um umbigo fechado para sempre
em nosso gordo e opulento ventre"
olhos fechados como pitorescas lajotas sobre as quais andar fazendo barulho
uma cara lustrada (um enviado da imprensa internacional)
não é o lugar apropriado para apoiar uma bota gorda
melhor seria colocá-la numa pessoa robusta
que bem saberia como reagir
uma alternativa: provocar a queda do governo e arrancar a verdade
daquelas cabeças hermeticamente fechadas que a mantiveram oculta
por anos? por gerações? onde foram parar as neves de verão?
Onde está nosso magnífico navio ocioso e onde foram parar
os fortes braços dos fracos?
A verdade é que se fez demais para fazer muito pouco
para fazer com que as coisas cheguem à passagem que os trabalhadores abriram arrotando
as máquinas mugiram como vacas
o grande estardalhaço do computador pousou o olho não fecundado
e no entanto ainda há homens e mulheres namorando sob os pórticos de papai e mamãe
a verdade é que não estamos nos armando contra os russos ou chineses
mas contra aqueles moços e aquelas moças verdes que sabem como brincar e dançar
a verdade é que os piores inimigos desta época são:

os sujeitos que usam imagens programadas para chupar nossos olhos como se fossem ovos
os sujeitos que feito sonâmbulos carregam suas mulheres entediadas para ver mais um espetáculo teatral
os sujeitos que sistematicamente banem de sua vista as obras de Picasso de 1939 a 1945
os sujeitos que persistem em chamar de música de negros a música de Armstrong Parker e Coltrane
os sujeitos para os quais a "música dos brancos" não foi além das heroicas palpitações de Beethoven
os sujeitos que consideram Oscar Wilde um moleque impertinente
os sujeitos que constroem casas com cartas de baralho para pessoas às quais já não se permite jogar
os sujeitos que não querem mudar o tempo
os sujeitos que louvam os salários apenas quando estes são baixos
os sujeitos que premiam poetas que nunca ouviram nem leram
os sujeitos que pensam que seu deus seja amigo de todos
os sujeitos convencidos de que são superiores a alguma ideia só porque certa vez tiveram o privilégio de poder atirar em algum oriental
os sujeitos que degolam o porco de sua boa educação com faca e garfo
os sujeitos que se sentem onipotentes porque têm um grande escravo vigiando a porta de sua casa
os sujeitos que nunca ofereceram aos melhores arquitetos de seu país uma possibilidade de planejar indústrias e cidades
os sujeitos que veem constantemente o próprio olho morto surgir como um sol
os sujeitos que adotaram o sol de uma dinastia que só surgiu quando a noite caiu
os sujeitos que não percebem que os sinos da nação
não precisam de línguas para fazer dobrar a última hora
E é por esta amarga verdade que eu canto os louvores dos Provos, brancos heróis de um mundo que tem de ser vencido.

A presença de um Provo na Câmara de Vereadores não muda muito a turbulenta cena de Amsterdã. De Vries apresenta-se na sessão de abertura completamente vestido de branco e com mãos e rosto pintados de branco. Todo dia, ao sair de casa, encontra uma pequena multidão a aplaudi-lo. Vai à Câmara de pés descalços e dá início a suas intervenções arrotando, a sua é uma presença-advertência para os outros eleitos. É a prova viva de que os Provos não estão interessados no poder, não o querem e não sabem o que fazer com ele. Outros irão querer dar poder à imaginação, às flores, ao povo, aos negros. Os Provos só querem esvaziá-lo.

Enquanto isso, lá fora, nas ruas, happenings e choques continuam imperturbáveis e reprimidos como de costume pela polícia.

Em Amsterdã também acontece a única manifestação de solidariedade aos Beatles já registrada no mundo, quando nos Estados Unidos os atarracados representantes da "supremacia branca" - pastores de Evangelho no coldre, espinhudos comedores de carne moída, atolados de açúcar, bundas enormes encapuzadas de branco - erguem fogueiras e queimam os discos e as fotos dos quatro de Liverpool, em represália à famosa frase de John Lennon sobre a popularidade do filho do carpinteiro de Nazaré. Os Provos, além de apreciarem a música dos Beatles, têm plena consciência de que, quando uma nação começa a queimar os livros (ou discos) de alguém, as coisas acabam mal. Por uma vez, o que os funcionários do consulado americano veem se agitando sob suas janelas não são as bandeiras vietcongues. Enquanto seus colegas de outras representações têm de lidar com leninistas, os de Amsterdã têm de lidar com lennonianos enfurecidos.

Uma das contribuições mais relevantes dos Provos para a sociedade holandesa é trazer os problemas à tona, destampar as panelas, fazer cair as máscaras, enfim, acabar com a hipocrisia burguesa. Uma das tampas que vai pelos ares é o conto da carochinha sobre o sistema dos Pilares, que daria garantia a todos os componentes da sociedade e que realizaria a paz social. Mas basta um nada (para registro, um corte de 2% nos subsídios de férias dos trabalhadores da construção civil não sindicalizados) para desencadear o assustador Monstro de Amsterdã, reanimado pelos apelos do provotariado, e que em 10 de março havia se sacudido após uma longa hibernação.

Em 13 de junho de 1966, numa cidade em que se pode esperar de tudo, acontece a coisa mais inesperada: uma sublevação popular. A ininterrupta tensão pelas ruas - mantida em níveis incandescentes pela companhia de repertório Provo-Polícia - e o trabalho da mídia, empenhada em alastrar o alarme social, concorreram para encharcar de gasolina os ânimos, e a primeira centelha fará explodir tudo. A centelha é o clássico protesto operário contra o autoritarismo e a burocracia sindical. Os trabalhadores independentes da construção civil entram em greve contra os cortes no salário, e um deles morre de infarto enquanto, pouco longe dali, alguns grevistas e uma patrulha da polícia saem no braço. Embora a morte do homem não possa ser diretamente atribuída à ação da polícia, ela aconteceu enquanto eles estavam em ação. Os policiais abandonam o campo em meio aos insultos de "assassinos" dos pedreiros.

Por uma série de motivos fortuitos, cria-se um total blecaute de comunicação entre as autoridades municipais e as forças da ordem. O diário *De Telegraaf* tem a brilhante ideia de, na primeira edição, sair acusando da morte do pedreiro seus companheiros, uma ideia que vai lhe custar muito caro. Durante a noite, entre os grevistas, espalha-se o boato de que a intervenção da polícia havia provocado

Nesta página e nas seguintes, as capas dos números 10, 11 e 12 da revista *Provo*.

bem mais que uma morte. Na manhã de 14 de junho, os pedreiros vão para as ruas armados de barras de ferro e paus. Um novo Klaas materializa-se pelas ruas de Amsterdã, desta vez nas vestes de um militante comunista, Klaas Staphorst, cujas palavras inflamam os ânimos dos grevistas. Aos gritos de "assassinos" e "ladrões" (epítetos dirigidos respectivamente à polícia e aos burocratas), após destruirem todos os vidros do edifício que abriga os escritórios do órgão sindical responsável pelo corte de 2%, voltam suas atenções para a sede do *Telegraaf*. Depois de um assédio de 75 minutos, sem que um único policial aparecesse na vizinhança, abandonam o prédio já em chamas e devastado. Diversas peruas da distribuição do jornal jazem de ponta-cabeça. Pelas portas abertas saem, esvoaçando, as cinzas do que eram exemplares do jornal.

Um caminhão que transportava enormes rolos de papel para impressão, destinados à tipografia, é detido, e os cilindros saem rolando pela rua, lançando altas labaredas. Ao chegar, a polícia percebe que não está lidando com os costumeiros Provos. Aos pedreiros juntaram-se muitos cidadãos dos bairros populares do centro histórico, indignados com os boatos sobre os operários mortos. Embora a notícia não seja verdadeira, a instintiva antipatia pelas forças da ordem e a constante brutalidade que elas ostentaram quase diariamente contra os jovens, e das quais muitos foram testemunhas, contribuem para torná-la perfeitamente crível. Dos andaimes de um prédio em restauro, alguns pintores alvejam os agentes com latas de tinta, que vai se despejando na rua com efeitos bastante espetaculares. Os durões vestidos de couro, acostumados a sovar pessoas que não reagem, dão por si sendo atropelados pela fúria popular. Alguns agentes cercados atiram para abrir o caminho da fuga, e um projétil alcança um grevista, ferindo-o. A notícia (falsa) de mais um morto num piscar de olhos espalha-se pela cidade, que logo é tomada por histeria coletiva. Lojas são saqueadas, as ruas do centro são literalmente recobertas por enormes quantidades de pregos que, trazidos dos canteiros de obras, impossibilitam a passagem dos veículos da polícia, muitos dos quais têm os pneus furados. Todos os parquímetros são arrancados, e também a sinalização das ruas e os semáforos da região. Famílias inteiras chegam do interior para tomar parte da rebelião. Os Nozem desenfreados durante dois dias tomam posse das ruelas ao redor da praça Dam, fazendo incursões contra os agentes isolados. Alguns caminhões desviados dos canteiros circulam distribuindo pedras aos manifestantes já sem estoques. Finalmente, em 17 de junho, os ânimos arrefecem com a chuva e a cidade volta à tranquilidade.

Alguns Provos participaram com gosto das desordens, tomando parte no assalto ao *Telegraaf* e montando barricadas. Outros apenas saíram da cidade, dissociando-se dos eventos. E Irene Donner chegou até a lançar apelos pela calma e contra a violência pelo rádio.

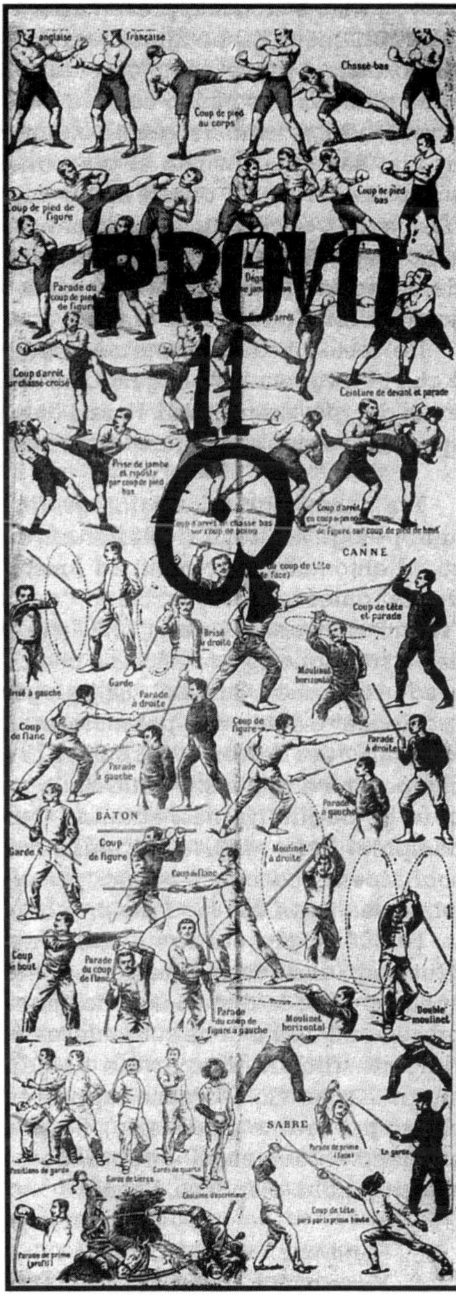


Um dos efeitos da sublevação do Monstro de Amsterdã é a desagregação que veio a criar-se entre os que participaram ativamente da revolta e os que se mantiveram a distância. Entre o fluídico provotariado e sua representação espetacular e personificada. Os acontecimentos demonstraram, além disso, que nem todos os Nozem se transformaram em provotariado consciente. Embora no decorrer do último ano muitos deles tivessem dado um salto de qualidade extraordinário, tornando-se até gentis cultores de espiritualidade e literatura, outros não abriram mão do casaco de couro e do prazer pelas porradas. Em 1967, estes atearam fogo ao mítico *Hashiminh,* enciumados com o sucesso dos Provos, que podiam dispor de um lugar de encontro, ao passo que eles ficavam passando frio por aí. Também nessa ocasião, os Provos não desmentem sua índole e oferecem um espaço aos Nozem.

De resto, uma das primeiras coisas que os sociólogos disseram na corte é que os Provos estavam desempenhando um importante papel social com relação aos jovens niilistas. Deram-lhes um objetivo diferente daquele de arrebentar vitrines ou de empurrar as velhinhas para fora da calçada.

Entre os diversos curiosos, sociólogos, metidos, jovens aventureiros, antropólogos, aspirantes a revolucionários, criminologistas, voyeurs, jornalistas e entomólogos que baixaram em Amsterdã para estudar o sucesso do fenômeno Provo, também chegam, "por motivos pessoais", alguns "membros" franceses da "Internacional Situacionista" (as aspas são essenciais ao se falar de situacionismo, já que cada elemento em seu interior tem prazo de validade, como os laticínios).

A delegação comporta-se de modo "soviético" e, paranoicamente, submete os "líderes" dos Provos a um interrogatório cerrado. As "atas" e as conclusões (uma série de críticas pesadas e insultos) tiradas da visita serão publicadas em algumas pagininhas no outono de 1966 na França, no famoso panfleto *Da Miséria da Vida Estudantil*[12] *- considerada em seus aspectos econômicos, políticos, psicológicos, sexuais e particularmente intelectuais, com uma modesta proposta para remediar.* Publicado em 10 mil cópias, com os fundos da Universidade de Estrasburgo, por um grupinho de estudantes situacionistas que, tirando proveito da apatia geral, se fizeram eleger maquiavelicamente para o cargo de representantes da união estudantil, é distribuído durante a cerimônia oficial de abertura do ano acadêmico, provocando enorme escândalo (por ordem judicial,

12. A íntegra do panfleto *Da Miséria da Vida Estudantil* está na antologia *Situacionista*. Publicada nesta coleção Baderna. (N.E.)

o órgão representativo é imediatamente fechado). O panfleto, que terá largo eco nos ambientes estudantis europeus, dedica diversos e impiedosos parágrafos à situação holandesa. Ei-los:

> O jovem marginal recusa o trabalho mas aceita a mercadoria. Quer aquilo que o espetáculo lhe oferece: imediatamente e sem pagar ingresso. Essa é a grande contradição da existência do delinquente. Pode tentar usar seu tempo em total liberdade, para a própria afirmação individual ou até mesmo para organizar uma espécie de comunidade. Mas a contradição permanece, e mata. (Às margens da sociedade, onde reina a pobreza, a gangue desenvolve uma hierarquia própria, que só tem utilidade na guerra contra outras gangues e que isola todo o grupo e todo indivíduo dentro do grupo.) Por fim, a contradição torna-se intolerável. As seduções do mundo das mercadorias revelam-se demasiado fortes e o delinquente decide trabalhar honestamente: para esse objetivo existe um inteiro setor de produção propositadamente voltado à sua recuperação. Roupas, discos, guitarras, motocicletas, rádio, comprimidos de anfetamina convidam-no para o mundo do consumo. Ou então ele é obrigado a atacar as leis que regulam o mercado: do modo mais instintivo, roubando, ou desenvolvendo uma consciente crítica revolucionária da sociedade da mercadoria. O delinquente só tem diante de si dois tipos de futuro: consciência revolucionária ou obediência cega, que o leva a arrastar-se pelo chão da loja.

Os Provos foram a primeira tentativa de organizar a delinquência, forneceram à experiência marginal sua primeira forma política. Os Provos constituem-se de uma aliança entre dois elementos distintos: um punhado de carreiristas regressando do mundo degenerado da "arte" e uma massa de beatniks em busca de novidades. Os artistas forneceram a ideia do jogo, embora revestida de desgastados trajes ideológicos. Os delinquentes nada mais tinham a oferecer que a violência de sua rebelião.
Desde o início, as duas tendências fizeram muitos esforços para encontrar um terreno comum: a massa pré-ideológica encontrou-se sob a "direção" bolchevique de uma classe dominante formada por artistas, que justificava e mantinha o próprio poder por meio de uma ideologia

denominada provo-democracia. No momento em que a pura violência do delinquente tornou-se uma ideia – uma tentativa de destruir a arte e superá-la –, esta violência foi canalizada no mais vulgar reformismo neoartístico. Os Provos representam um dos aspectos do último tipo de reformismo produzido pelo moderno capitalismo: o reformismo da vida cotidiana. Como Bernstein, com sua visão de socialismo construída dentro do capitalismo, a direção Provo acredita poder mudar a vida de todos os dias apenas por meio de alguma melhora bem selecionada. O que eles não conseguem compreender é que a banalidade da vida de todos os dias não é nada casual, mas é o mecanismo central e o produto do capitalismo moderno. O único modo de destruí-la é uma revolução total. Agindo apenas no específico, os Provos acabam aceitando a totalidade.

Para criar para si uma base, os líderes arquitetaram uma miserável ideologia do provotariado (uma salada político-artística obtida com as sobras de um festim que nunca fizeram). Supõe-se que o novo provotariado tenha nascido como oposição ao proletariado passivo e "aburguesado" que ainda é objeto de culto em obscuros altares da Esquerda. Só por não acreditarem na luta por uma mudança radical da sociedade, recusam a única força que pode produzir essa mudança. O proletariado é o motor da sociedade capitalista e por conseguinte também é seu inimigo mortal: para suprimi-lo, já se tentou de tudo (partidos; burocracias sindicais; polícia; colonização de cada aspecto da vida diária) e isso porque ele representa a única verdadeira ameaça. Os Provos nem sequer se esforçam para compreender esse fato; evitando criticar o sistema de produção, tornam-se seus escravos. Por fim, uma manifestação de trabalhadores contra os sindicatos fez explodir a contradição.

A base Provos retornou à violência direta, abandonando os próprios líderes, que, enfurecidos, denunciaram os "excessos" que se deram e apelaram para os sentimentos pacifistas. Os Provos, que tanto falaram em provocar a autoridade para revelar seu caráter repressor, no fim chegaram a se queixar de terem sido provocados pela polícia.

Realmente, um belo papel para seu pálido anarquismo.

É inegável que a base Provo tornou-se revolucionária na prática. Mas, para inventar para si uma verdadeira consciência revolucionária, sua primeira tarefa é a de se libertar dos próprios líderes, juntando-se às forças revolucionárias do proletariado, livrando-se de todos os De Vries e os Constant deste mundo (um dos artistas favoritos da família real, policial militar fracassado e admirador da polícia inglesa). Hoje está em andamento uma revolução moderna, e os Provos podem representar uma de suas bases se renunciarem a seus líderes e à sua ideologia. Se querem mudar o mundo, têm de se desvencilhar de quem se satisfaz pintando-o de branco.

Como sempre, os "situacionistas", cuja indiscutível e brilhante capacidade de análise crítica da sociedade de consumo temos de reconhecer, sempre acabam revelando seu inato ranço para com a vida. Desenvolvendo de modo extraordinário o órgão cerebral, descuidaram dos chacras do coração, e mostram que estão afetados por uma arrogância acadêmica e por um esnobismo cultural que os condenarão a permanecer sentados à janela e a lançar insultos aos que animam as ruas. Os contorcionismos e acrobacias verbais não se dão conta de que o movimento social expresso por um grupo minoritário e significativo dos habitantes de Amsterdã demonstrou ser mais importante do que a própria ausência de teoria.

Aos CDFs da luta de classes escapou o fato de que os Provos deram uma representação inteligente de suas elucubrações mentais. Os "situacionistas" fingem não perceber que de algum modo, embora bastardos, aqueles são seus irmãos.

O eco das ações Provos alcança também a faixa extrema do Ocidente, a Califórnia e particularmente outra cidade-laboratório, incubadora de estilos de vida desenvolvidos, em muitos aspectos parecida com Amsterdã: São Francisco. Ali, incrível, a lenda Provo consegue surpreender até os nada ingênuos habitantes de Haight-Ashbury, uma colônia de mutantes empenhada em ousadas experimentações evolutivas (os que mais tarde serão denominados hippies pela mídia). O diário de bordo do cenário vivaz que está se concentrando no bairro é a revista psicodélica *San Francisco Oracle*, cujo primeiro número, de 20 de setembro de 1966, publica um artigo cheio de admiração pelo que está acontecendo em Amsterdã, assinado pelo diretor John Brownson. Brownson, que mais tarde será substituído por Allen Cohen, dá uma lavada nos próprios leitores, procurando cutucar seu orgulho e apontando-lhes que até os súditos de um distante e pouco influente país europeu (que não teve James Dean, Elvis, Dylan, Ginsberg ou Kerouac) estão conseguindo espalhar de modo muito mais eficaz as ideias da Nova Consciência. É bastante significativo o fato de que esse será o único artigo publicado pelo *Oracle* a tratar de notícias de fora da Califórnia. Também outros jornais underground americanos dão espaço ao fenômeno, particularmente o *Los Angeles Free Press* de 26 de novembro de 1966, que publica um longo artigo exaltando a capacidade dos jovens holandeses de conquistar espaços sociais enquanto os de Los Angeles são brutalmente enxotados de seu lugar de socialização, a Strip. Os happenings Provos são cuidadosamente estudados pelos

Diggers, já veteranos do teatro de rua, e fornecem úteis indicações sobre o *modus operandi* contra a autoridade. Mas serão necessários pelo menos mais dois anos, o tempo que Jerry Rubin e Abbie Hoffman precisam para assimilar bem a lição, para assistir ao nascimento dos hippies, os dignos irmãos caçulas dos Provos. Em reconhecimento ao papel dos pioneiros holandeses na contracultura, o parque em frente ao posto de polícia central de Berkeley é batizado de Provo Park.

Eis artigo do *San Francisco Oracle*, alegremente intitulado PROVOS SIM, IANQUES NÃO. Notável o esforço do autor para lembrar que os Planos Brancos dos Provos não têm nenhuma conotação racial (White Power e cagadas do tipo), propondo (profeticamente) o Verde como cor de "luta" para os Estados Unidos.

PROVOS SIM, IANQUES NÃO

O espectro do velho movimento pelos direitos civis ainda é uma obsessão da Nova Esquerda, imobilizada pelo fantasma de uma guerra que parece não ter fim e pela crescente paranoia da América branca. Enquanto nossa "esquerda iluminada" está se desintegrando no dogmatismo ou na fuga da realidade, os europeus estão desenvolvendo teorias e práticas para um novo tipo de revolução, que vê a integração da ação política num "estilo de vida artístico".

Aqui em nossa terra o único documento sério até hoje publicado, que conseguiu ir além de nossa herança calvinista e sugerir uma tática original para uma revolução americana, foi *Os Dias do Vietnã em Berkeley*, escrito por Allen Ginsberg, em que está enfatizada a necessidade de um "inequívoco posicionamento alheio à psicologia da guerra". O documento apresenta vinte propostas, entre as quais o uso de flores, instrumentos para fazer música, brinquedos, símbolos religiosos, bandeiras brancas e grupos de rock, até mesmo Sagrados Corações e massas de Hell's Angels. Em caso de ataque seria necessário entoar os seguintes mantras: "o Pai Nosso, a canção *Three Little Mice*, uma longa respiração em uníssono emitindo a sílaba OM (AUM), *Star Spangled Banner* e a ladainha *Mary Had a Little Lamb* (a ser recitada em uníssono)".

Essa é a maneira de se fazer uma "manifestação/espetáculo". Mas vocês por acaso viram, num canto qualquer, esse exemplo real de verdadeira manifestação revolucionária? Certamente não em nosso país, onde uma Esquerda puritana (incluindo-se a Nova Esquerda) grita escandalizada diante do ácido, das bombas e do sexo livre, ultrapassando em histeria até mesmo as Moral Mothers of America. Quanto tempo haverá de passar antes que a chamada esquerda acorde diante do que está acontecendo em Amsterdã, onde duzentos jovens de cabelos compridos e camisas floridas se manifestam contra os nossos homens do Ku Klux Klan que queimam os discos dos Beatles? Temos de ouvi-los nos dizer que o que a América está fazendo com os Beatles corresponde exatamente ao tratamento que a Alemanha reservou para Bertolt Brecht há 33 anos?

A quantos de nós ocorreu cantar rindo "estão vindo para nos levar embora, ah, ah, ah!" quando a polícia chega para interromper nossos fúteis atos de desafio?

Da Holanda, brotada de um novo cenário de alienação industrial, chega uma nova forma de arte política para a nossa geração: o Provo (happening de provocação), uma personagem que tem menos de trinta anos e que provém do underground anarquista. Os Provos amam a vida, sua cidade, Amsterdã, e seus habitantes. Encenam exibições de tosse de massa contra os cigarros, o símbolo mais evidente do "consumidor sem escolhas, escravizado, o representante da massa guiada por outros", agem contra a destruição de árvores e contra os jornais que fazem lavagem cerebral nas pessoas. Invadem os caminhões que transportam os rolos de papel para impressão, e em seguida os desenrolam como tapetes nas ruas de trânsito mais intenso.

Tentam construir, ao mesmo tempo, uma cidade habitável e um movimento internacional de jovens iluminados e alienados, o "Provotariado". Planejam uma cidade sem automóveis e propõem bondes gratuitos e a distribuição de 70 mil bicicletas ao dispor de todos os cidadãos. Planos Brancos para a humanização de seu ambiente (branco como pureza). Querem que os agentes de polícia se tornem assistentes sociais e que no lugar de armas carreguem sacos brancos cheios de doces e frutas a serem distribuídos aos transeuntes.

Apresentaram candidatos às eleições do município e ganharam. A cadeira conquistada será ocupada em rodízio por diversos deles, e estão se mexendo para transformar a cidade num centro cultural. Lutam por descentralização, desmilitarização e coletivização, por um Benelux formado por uma federação de pequenas comunidades.

A cidade de Amsterdã está coberta de círculos da paz do CND (N.d.A.: o símbolo da paz) e de desenhos de uma maçã de ponta-cabeça, que é o emblema dos Provos, os Joõezinhos, sementes de maçã de nossa época. Um dos meios mais poderosos de influenciar as pessoas é semear, por meio da imagem, as sementes de outro modo de vida.

E nós, o que podemos fazer para lutar contra as tendências destrutivas que estão presentes em nosso ambiente? Estamos enchendo a baía de lixo, o ar de

monóxido de carbono e nosso espaço vital de faixas estranguladoras de asfalto. Tudo isso só terminará quando começarmos a nos preocupar e a agir, assim como fazem os Provos todo fim de semana, com seus happenings. É preciso ocupar os cruzamentos das artérias mais transitadas não para protestar contra a discriminação, mas para protestar contra os próprios cruzamentos. Legiões de jovens cantando no meio das ruas nas horas do rush e usando as ruas para a única coisa para a qual poderiam servir: dançar.
Temos de nos reunir nos parques e em volta das estátuas, porque nos pertencem. Temos de espalhar o verde pela cidade toda, tornar a dar vida às cidades, renovar os seres humanos.

VAMOS DAR VIDA À GUERRILHA VERDE NAS CIDADES AMERICANAS - AGORA!
Na América, a pureza tem uma história que, no melhor dos casos, é sanguinária. Coisas demais estão marcadas de Branco neste país. Temos necessidade de um movimento baseado no crescimento e na vida, um Movimento Verde.
Pensem Verde - procurem a folha verde!

CAPÍTULO 7

# JOGO BOM É JOGO RÁPIDO

APÓS OS DIAS DA SUBLEVAÇÃO DO Monstro de Amsterdã, os Provos começam a se dar conta de que estão perdendo sua melhor arma: a surpresa. Durante mais de um ano conseguiram surpreender a todos com sua imprevisibilidade, com seu nonsense e agora estão correndo o risco de se tornarem a caricatura de si próprios, de perder a originalidade. As próprias autoridades começam a adotar uma política mais inteligente para com eles.

Em pouco tempo responderão positivamente a um dos problemas colocados pelos jovens: os espaços de socialização. Em todo o país, serão inaugurados mais de 150 clubes multimídia subvencionados pelas municipalidades, denominados "Provadya". Os mais famosos deles são os lendários Fantasio e Paradiso, em Amsterdã. Simon Vinkenoog, de seu lado, obtém a direção de um centro cultural, o Sigma Centre, ligado ao poeta e escritor escocês Alex Trocchi (no qual Robert Jasper Grootveld não porá o pé: considera perigoso aceitar presentes do poder). Como Aad Nuis dirá mais tarde no *Delta*, "a sociedade holandesa mostra uma suspeita tendência a tratar os jovens rebeldes como se fossem crianças que encontraram um relógio de ouro: suas ideias são tão preciosas que é melhor arrancá-las de suas mãos".

Em 2 de novembro de 1966, para levantar o moral e para curtir mais uma vez com a cara da mídia, inauguram o Concílio Provo Primeiro (com a evidente referência ao Concílio Vaticano Segundo) no castelo de Borgharen, em Maastricht, onde divulgam um texto de Van Duijn intitulado *Isto É em Memória da Civilização Ocidental.*

TÉCNICA PROVOCATÓRIA

O alegre Provotariado, quando brinca, tem de fazê-lo de modo desembaraçado. Mas tem de ser um jogo que, permanecendo como tal, tenha o aspecto de uma luta muito inteligente, baseada em conceitos revolucionários. Porque, dentro da ética autoritária que prega trabalho forçado e lucro, não há lugar para o jogo, e o simples fato de não trabalhar representa uma provocação. Claro que a maioria silenciosa que escreve cartas aos jornais gostaria de ver todos nós em trabalhos forçados. A nossa tática de ataque contra a sociedade autoritária tem de consistir numa combinação de reformismo e provocacionismo. Temos de atacar a máquina social de todos os lados: de um lado com os construtivos Planos Brancos e de outro com destrutivas provocações. Temos de ser concomitantemente e extremamente positivos e negativos. Por meio dos Planos Brancos temos de mostrar como a sociedade deveria ser e, enquanto isso, mostrar o verdadeiro rosto dessa sociedade com as provocações. O resultado final dessa tática provoca-reformas será a imediata solidariedade entre o provotariado dos países superdesenvolvidos e o proletariado dos países subdesenvolvidos.

Propomos a substituição da sociedade autoritária por uma sociedade anárquica. Federalismo, antimilitarismo e propriedade coletiva. Contra a ética autoritária propomos a ética livre. Somos contra a monogamia porque ela produz miseráveis relações sexuais. Propomos o Plano das Mulheres Brancas, baseado numa promiscuidade total e amoral, que levará à emancipação das mulheres.

Contra os instrumentos do poder (mídia, subserviência do consumidor, polícia) propomos os instrumentos de todos os produtores e de todos os consumidores: comunicação branca, consumidor consciente e Plano da Galinha Branca.

Contra a escravidão do consumidor propomos sua consciência. O consumidor deve ser informado sobre tudo aquilo que consome e sobre o modo como, enquanto consumidor, é consumido. O consumidor deve ser levado à ação contra os produtos caros e que nada valem.

O boicote do consumidor é a única forma de resistência econômica possível num futuro sem trabalho, quando a inteira humanidade já não fará parte do sistema de produção. Para atingir a produção, no futuro, já não se poderão usar os velhos meios à disposição dos trabalhadores. A única alternativa possível será atingir o consumo. Por esse motivo, uma ação propagada por parte do consumidor consciente poderá ter profundas consequências.

As expressões mais evidentes da supercultura, como os armamentos nucleares, a deterioração do ar e o envenenamento da comida, são os principais motivos de agitação, pela manifesta injustiça que representam. As autoridades fabricam hipocritamente armamentos nucleares, embora saibam que a preparação de uma guerra atômica seja um crime contra a humanidade. (...)

O Plano da Bicicleta Branca é uma provocação que atinge o alvo porque a indústria automobilística emprega um exército de trabalhadores. Nos Estados Unidos isso diz respeito a uma pessoa em cada sete. Utilizar a Bicicleta Branca como meio de transporte público significa exercer um ato de provocação contra a propriedade privada absolutista. Desde sempre o trânsito serve como desculpa das autoridades para manter a ordem pública.

O Plano das Chaminés Brancas tem o mesmo objetivo. Ao lutar contra a exploração do ar por parte da grande indústria e contra a mentalidade automobilística, explicita que o ar limpo é uma propriedade coletiva.

Essas são apenas as primeiras provocações: como poderiam os Provos assistir, sem nada fazer, ao envenenamento do próprio ar, da própria terra e da própria comida?

Recapitulando, acredito que nossas provocações no imediato futuro têm de focalizar dois objetivos:

1. A criação do consumidor consciente.
2. A resistência contra a catástrofe planejada mediante ações contra os carros, contra o aumento da população e contra a poluição.

No que concerne à política internacional, o provotariado dos estados da assistência social deve ser o quinto pilar do enorme exército de proletários esfomeados dos países subdesenvolvidos...

ESTA DEVE SER A BASE DO PROVOMUNDO!

Do ponto de vista prático, o Concílio não tem nenhuma utilidade, a não ser, naturalmente, a de arrancar um bom dinheiro dos inúmeros expoentes da imprensa internacional (eram dois jornalistas para cada Provo, cem contra cinquenta), que para conseguir as credenciais tiveram de pagar um dispendioso ingresso.

Esse dinheiro todo vai engordar os fabulosos depósitos do Klaas Bank, uma deliciosa aula de Economia criativa Provo. O Instituto de Crédito Virtual apresentará seu balanço durante o Concílio, com grandes turbilhões de cifras, hipérboles de contas das compras, naturalmente inverossímeis e incontroláveis, como é de se esperar dos Provos. Entre as saídas, figura um movimento de 5 centavos em favor da Família Real dos Orange, como contribuição para um não muito especificado golpe de Estado. Em seguida, 215 mil florins gastos para a aquisição de um carregamento de capas para violinos e contrabaixos em Tânger. Um cheque do Klaas Bank, no valor de mil florins, foi entregue ao prefeito Van Hall em reconhecimento à sua contribuição para promover a imagem Provo mundo afora (naturalmente o cheque não pôde ser descontado, porque não existe nenhuma sede do Klaas Bank). Também foi comprado um mictório, situado nas vizinhanças da igreja de Westerkerk, que devia ser demolido para não ofender, com sua presença, a cerimônia do casamento real. O mictório será transformado em guichê bancário. Dentre as entradas figuram 50 florins provenientes do assalto ao trem postal de Londres e 93.594 florins para despesas de viagem não efetuadas por Klaas. Mas, com efeito, do ponto de vista econômico os Pro-

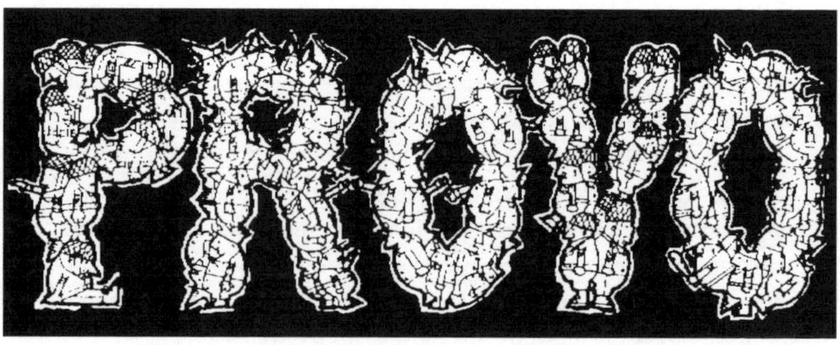


Título do décimo quarto número da revista *Provo*, de fevereiro de 1967.

vos realmente possuem bens, embora detonados: uma espécie de local subterrâneo, *The Cellar*, a famosa barca, a sala periclitante de um ex-cinema, duas máquinas tipográficas para impressão, uma lojinha que vende máscaras africanas. Depois há as doações, os roubos às maquininhas automáticas de cigarros, as vendas do jornal *Provo*, de um pouco de erva e, sobretudo, das delirantes entrevistas concedidas à mídia do mundo todo.

O espetáculo pelo qual os jornalistas pagaram em Borgharen mostra-se discreto. Para alguns enviados, acostumados a verdadeiros congressos de partido, assistir aos delegados Provo lavando coletivamente os pés antes de ingressarem na sala e roendo maçãs sem parar, feito coelhos, não é coisa de todo dia.

E depois têm à sua disposição todo o "estado maior espetacular" do movimento, desde o vereador "bonito, magrelo, com um topete loiro e olhar lânguido" Bernhard De Vries até o intelectual Roel Van Duijn ("se Deus criou esta sociedade, então tomemos o diabo por nosso aliado"). Inclusive Robert Jasper Grootveld está lá, descrito pelos atônitos jornalistas como "um satanás de expressão truculenta, um regicida a go-go, uma cara de pau que enlouquece os policiais". Eis como o semanal *L'Europeo* narra sua intervenção:

> Começou com um som qualquer, tirou o pente da capa e passou os dentes no reticulado do microfone: uma série de estampidos de metralhadora que apagou todas as luzes. Luzes ligadas, depois apagadas: pelos alto-falantes uma música beat, em seguida um anúncio publicitário. E eis que, desse deslumbramento de luz e escuridão, surge uma loucura vocal sem começo, sem origem, sem sentido, e no entanto afinada, é assim que se diz?, como uma sinfonia. Um grupo, agachado distante de Grootveld, lia as manchetes dos jornais, pronunciando palavras, sílabas, nomes. Grootveld, de seu microfone, apanhava palavras, sílabas, nomes e com eles improvisava fantasias linguísticas e solos musicais. A palavra lida no jornal, arrancada de seu contexto, tolhida de qualquer sentido comum, na boca de Grootveld – e depois na dos outros, que disputavam o microfone com o sacerdote carismático –, adquiria o peso de um espetáculo, a ferocidade de um golpe ou a ironia de um vaudeville. Em seguida Grootveld acompanhava a fúria violenta, mas não histérica, que havia provocado. Andava aqui e

acolá pelo salão, saltando por sobre os irmãos sentados no chão, e girava dois saca-rolhas ao redor de uma faca. De vez em quando pronunciava uma nova palavra como uma ordem, como a largada de um juiz: "Johnson!", e silvos de foguetes em toda a volta, um avião a pique, a explosão, o coro de invectivas: e, no repentino silêncio, o estrondo "Paz". "Satisfação!": pelos microfones surgiram as vozes de amor, os cantos, uma musiquinha assobiada e sobre ela, até cobri-la, o eco "Var, Var, Var", guerra, guerra, guerra. Apenas a palavra guerra, que nas manifestações de sempre, na praça ou no teatro, significa: Viva a guerra. Ao passo que aqui, no salão de Borgharen, perdia todo sentido convencional para se tornar, a própria palavra, pesadelo evocador de feroz estupidez, onomatopeia da idiotice insuportável. (...) Grootveld voltou com uma enorme vassoura: começou a varrer do chão os papéis, os caroços de maçã, e a vassoura deixava um rastro de tinta branca.

Vinheta satírica de Willem.

Grootveld abandona a sala de bicicleta (branca), enquanto os outros delegados, completamente enrolados em folhas de papel-alumínio, fazem trenzinho. Embora alguns jornalistas sintam o cheiro de "primeiro de abril", a maioria dos convidados enviará às respectivas publicações doutas correspondências sobre os novos valores dos jovens, não percebendo estar diante de um temporário aglomerado de estados de espírito próximos da dispersão.

Rob Stolk intervém no dia do fechamento, declarando o congresso ilegal, invalidando os representantes demasiado comprometidos e misturados com o poder e declarando encerrada a reunião por ordem de um tal Concílio Terrorista Revolucionário.

A magia já está nos estertores. Após ter enviado um telegrama de cumprimentos à Princesa Beatriz e ao Príncipe Consorte Claus por ocasião do nascimento de seu bebê, e ter defumado com bombas de efeito moral o cortejo nupcial de outra princesa real (Margriet, em Haia, em 10 de janeiro de 1967), Provo decide que chegou a hora de baixar a cortina.

Alguns abandonaram o palco antes deles: o chefe de polícia de Amsterdã, Van der Molen, e o prefeito, Van Hall, foram despedidos pelo governo por ineficiência, e sem o apoio deles Provo não pôde aguentar. Até mesmo o primeiro-ministro, Cals, foi atingido pela maldição do provotariado, tendo de assinar seu pedido de demissão por ter batido num carro estacionado e, em lugar de descer do seu veículo para verificar os estragos e procurar o proprietário, fugiu vergonhosamente.

Em 17 de março de 1967 sai o décimo quinto e último número de *Provo*. Em 13 de maio, com uma festa no Vondel Park, os Provos, "cansados de bancar a entidade oficial de provocação", dissolvem-se. Desse modo estabelecem o novo modelo de ação que sempre será repetido pelos grupos contraculturais: o da "morte e transfiguração". Desaparecer para não se tornar previsível e depois reaparecer em outro canto, sob outra forma. Os hippies de São Francisco os imitaram em outubro, celebrando o próprio funeral, após terem percebido que se tornaram "os adorados filhos da mídia".

Enquanto isso, no coração dos jovens a Spui foi substituída pela praça Dam, debaixo do enorme Lingam branco (o monumento às vítimas da Segunda Guerra Mundial), que durante toda a década de 1970 atrairá, feito ímã, os jovens do mundo todo para o maior *Summer of Love* da história. E é justamente sob o Lingam que acontece o único episódio desagradável de pogrom anticabeludos da história holandesa (infelizmente tão comuns, da Cuba castrista à Itália da democracia cristã). Um grupo de marines do exército realiza um ataque na praça, batendo nos presentes e cortando-lhes os cabelos.

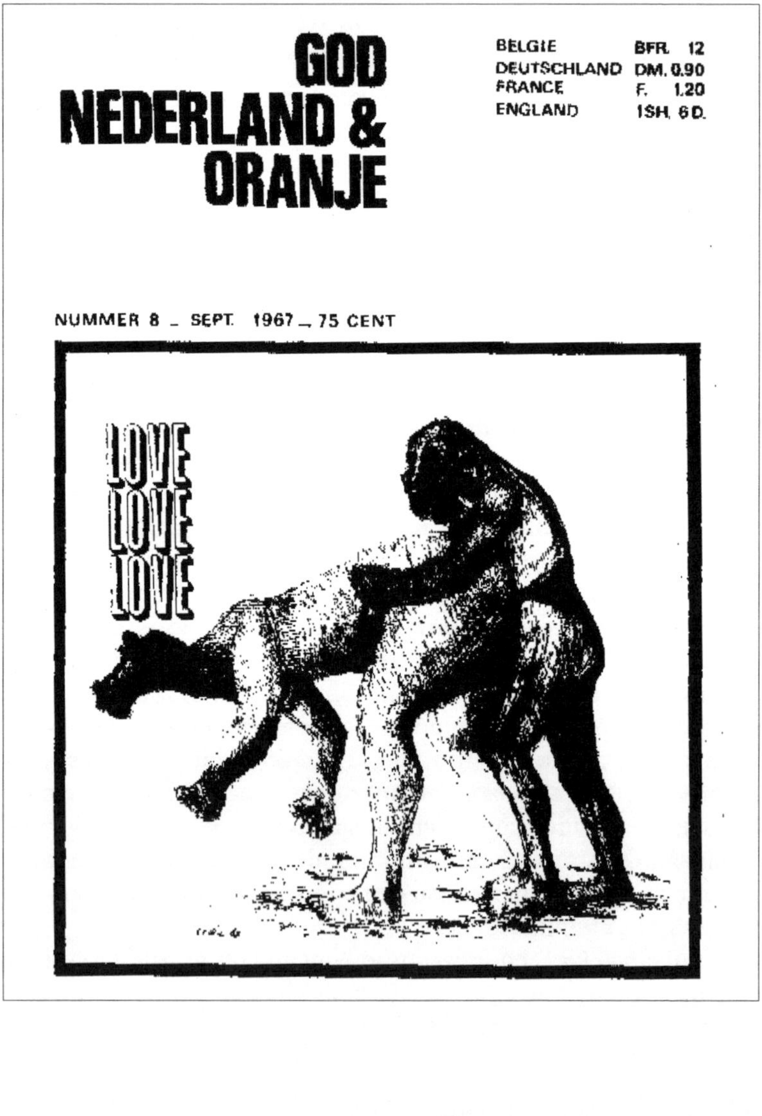

Organiza-se um Comitê de Liquidação Provo, que deverá cuidar das questões pendentes. Após ser descartada uma proposta de venda, chega-se à conclusão de que a cadeira na Câmara Legislativa será mantida até o fim do mandato. De Vries, tomado pelo sagrado fogo da arte, parte para Cinecittà, apresenta sua demissão e é substituído por Luud Schimmelpenninck, o número dois da lista. Já que muitos Provos ficarão desempregados em tempo integral, envia-se ao governo alemão um pedido oficial para que os empregue, com a tarefa de exorcizar o passado nazista da nação. Eis o panfleto que anuncia a iniciativa, preparado para a Feira do Livro de Frankfurt.

> COMITÊ DE LIQUIDAÇÃO PROVO, AMSTERDÃ
> O que fez a juventude alemã para evitar repetir os erros dos próprios pais??????? Sabem o que seus pais fizeram com a suástica, um dos símbolos mais poderosos???? GIRARAM-NA PARA A DIREITA! O que está fazendo a juventude alemã para tornar a girá-la para a ESQUERDA? Pintem-na de branco nos muros!!!! GIREM-NA!!!!!!! Diversos membros do Comitê de Liquidação Provo descobriram que a imagem de Hitler ainda não desapareceu totalmente na Alemanha, e agora estão estudando que possibilidades de trabalho a Feira do Livro pode dar a 800 mil escritores holandeses, e se ela pode oferecer um espaço para vender PROVO Nº 13 DELTA, uma provocação contra o governo holandês. Para a realização desse projeto, desejaríamos entrar em contato com o governo alemão, do qual gostaríamos de obter um contrato para liquidar a imagem de Hitler na Alemanha. (...)

Ainda há tempo para uma última piada: os Provos espalham o boato, por intermédio de jornalistas complacentes, de que havia negociações em andamento para a venda do arquivo completo do movimento a uma universidade americana. Não só não existe nenhum comprador, como nem sequer existe um arquivo. A Universidade de Amsterdã, por orgulho, decide surrupiar o negócio dos colegas americanos e, após ter pago uma enorme quantia, dá por si tendo nas mãos uma caixa cheia de panfletos. Em seguida, essa universidade, sem desanimar, vai utilizar aquele montinho de papéis como ponto de partida para a formação de um verdadeiro arquivo sobre a contracultura.

As ideias Provos, com uma bela borrifada de gnomagia e *flower power,* tornarão a pairar tumultuosamente no Centro Mágico para mais uma rodada com os Kabouter, herdeiros diretos do provotariado (entre eles encontramos um certo Roel Van Duijn) que em 1970, com 11% dos votos, conquistarão nada menos que cinco cadeiras na Câmara de Amsterdã (e oferecerão imediatamente a devolução de uma delas, pois eram demais, oferta que a Câmara recusou por não existir precedente). Os Kabouter, espécie de delirantes defensores civis, fundaram dentro da Holanda a República Livre do Orange, uma rede alternativa e tribal feita de comunidades, fazendas, laboratórios e casas invadidas. Mas essa é outra história...

Provo foi um longo e espetacular happening, uma tranquila revolução anarquista que aos poucos foi se infiltrando e vingando no tecido da sociedade holandesa. Uma das expressões mais bem-sucedidas de fusão entre arte e vida diária, uma torta na cara dos dogmatismos e das hipocrisias que, dia após dia, piada após piada, foi arrancando do poder novos espaços de liberdade. Uma zombaria bem-sucedida contra uma sociedade capitalista avançada, fundamentada na manipulação e na abundância das mercadorias. Uma obra de arte total, que teve o mérito de abrir caminho para uma nova geração de dissidentes, que questionaram o modo de vida autoritário e convencional de quase todo o mundo.

Provo brincou, divertiu-se e soube parar a tempo. Diz a sabedoria popular que "jogo bom é jogo rápido" (até a próxima vez).

> Como ação sagrada, o jogo pode servir para a sanidade do grupo, mas agora com modos e meios diferentes dos que foram empregados para a imediata satisfação das necessidades vitais. O jogo se distingue da vida habitual por lugar e duração. Ele se caracteriza por sua natureza acabada, sua limitação. Desdobra-se dentro de certos limites de tempo e de espaço. (...) O jogo começa, e a certa altura termina. Enquanto está acontecendo há um movimento, um vaivém, uma alternativa, há o turno, a intriga e a dissolução da intriga. Ora, à sua limitação de tempo liga-se, de imediato, outra qualidade curiosa. O jogo estabelece-se imediatamente como forma de cultura. Jogado uma vez, permanece na lembrança como uma criação ou um tesouro do espírito. Ele é transmitido, e pode ser repetido a qualquer momento, quer de imediato (...) quer até depois

de um longo intervalo. Essa possibilidade de retomada é uma das qualidades essenciais do jogo.
Johan Huizinga, *Homo Ludens*, 1938.

Trinta anos depois, que vida levam os protagonistas desta história? Robert Jasper Grootveld é xamã. Foi eleito Roel Van Duijn, pelo Partido Verde, para a Câmara de Vereadores. Rob Stolk é tipógrafo. Hans Tuynman morreu de cirrose hepática. Simon Vinkenoog é escritor. De Bernhard De Vries e de muitos outros perderam-se os rastros.

CAPÍTULO 8

# UM CONSTRANGEDOR VIVA TRIPLO! AO PAÍS DAS TULIPAS

DIANTE DO PROBLEMA JUVENIL, a Holanda comportou-se ouvindo as sugestões do próprio DNA, usando o mesmo método que desenvolveu para conviver com o mar e com as tempestades: sabe que a única maneira para chegar a um acordo, para alcançar o equilíbrio, não é por meio da força, mas da inteligência. Como escreve o historiador Huizinga (ele, de novo!): "a história dos Países Baixos é muito menos sangrenta e cruel do que a de todos os Estados vizinhos. Não por acaso Erasmo exaltou como qualidades realmente neerlandesas (...): a brandura, a benevolência e a moderação".

O que à primeira vista pode parecer uma desarmadora complacência revela toda a extraordinária capacidade de adaptação e a elasticidade mental de um povo. Atrás da tolerância oculta-se uma alma forte. As sociedades mais fracas e mais inseguras também são as mais intolerantes e menos respeitosas para com quem não pensa como elas.

O país já não será o mesmo após os Provos, e sobre sua postura libertária vai se abater logo uma série de sermões, análises e acusações. O simples fato de que toda uma comunidade nacional tenha aceitado uma diferente opção de vida, tenha se questionado e procurado não excluir os próprios filhos da vida social, perturba muitas pessoas. A objeção mais compreensível é expressa por países com tradições menos liberais – aqueles, para compreendermos, que permanecem na convicção de que uma sadia e firme repressão seja a resposta correta às reivindicações de mudança social. Mas existe outro tipo de objeção, que vem justamente da parte progressista desses países, que sente cheiro de queimado em tanta condescendência. Os que tacham a Holanda, com pouco caso, com a expressão de País dos Brinquedos[13], belo demais para ser de verdade.

O fato de que em Amsterdã, desde os anos 1960, não tenham sido instauradas leis especiais, que as pessoas não sejam importunadas pela rua por serem "diferentes", que seja visível a tranquilidade e serenidade nos rostos das pessoas, que jovens e menos jovens tenham conseguido espaços para a socialização, para expressar a sua criatividade, em lugar de parecer normal levanta suspeitas. O exemplo de Amsterdã é considerado uma sedução perigosa, como se os Provos antes, e seus sucessores depois, tivessem se comportado à maneira da tripulação de Ulisses encalhada na terra dos Lotófagos.

Uma manifestação de jovens. (Foto: Alg. Holl. Fotopersbureau)

13. Referência à história de Pinocchio, de Carlo Collodi. O "Paese dei Balocchi" é um lugar imaginário, onde as crianças só brincam e comem guloseimas, sem nenhuma outra obrigação. Por extensão, lugar onde as pessoas só se divertem, uma farra. (N.T.)

Que diabos! Têm de retomar o caminho para Ítaca (a Luta de Classes, a oposição violenta, "ou nós, ou eles" etc. etc.). Suspeitas ditadas pela paranoia (por que os deixaram vencer?), pela raiva católico-comunista (não sofreram o bastante), pela carolice ideológica (não pode ser que só eles estejam bem). O sucesso das ideias da Nova Consciência torna-se, de algum modo, uma culpa. O fato de que já não se soltem os cachorros rosnadores contra os dissidentes é visto como uma forma de "tolerância repressiva". Bem sabemos que a normalização é a forma mais insidiosa de controle social. Absorvendo as formas e as práticas desviantes, incorporando-as ao esquema dominante, tornam-se parte integrante do status quo. Os estilos de vida alternativos são estudados e revendidos para um segmento mais amplo da população. Mas, se isso é verdade em relação aos Estados Unidos, onde as minorias criativas, por mais sujas e más que sejam, chegam, limpas e acondicionadas em celofane, às gôndolas dos supermercados no dia seguinte a seu aparecimento nas ruas, não podemos dizer a mesma coisa quanto à Holanda. Um país que vive em perene harmonia turbulenta, como um surfista esperto, conseguiu encontrar o ponto de equilíbrio dentro da perturbação. Trinta anos depois já não podemos falar em experimento, nem em fingimento. Se o país não tivesse metabolizado perfeitamente as ideias da cultura alternativa, tornando-as próprias, não teria conseguido sustentar aquele tremendo esforço, necessário para conter a pressão de milhões de chapados meio-período e tempo integral, para conseguir administrar situações sociais nem um pouco simples. Apesar da suposta "normalização", Amsterdã não perdeu a própria combatividade, e demonstrou isso em diversas ocasiões (seus *squatters*[14], as lutas contra a especulação imobiliária no velho bairro Nieuwmarkt, as manifestações por ocasião da visita do papa e da coroação da rainha Beatriz etc. etc.). Mesmo durante as secas mortíferas dos anos 1980, seu sutil e úmido veio erótico nunca cessou de produzir orgasmos energéticos que irrigaram o planeta de positividade.

Como disse Willem De Ridder, "na Holanda tudo é possível, desde que não se questione a virgindade de Anne Frank e os diamantes".

14. De *squat*, nome dado às casas ocupadas por jovens e transformadas em comunidades ou repúblicas; os *squatters* são os jovens que ocuparam essas habitações. (N.T.)

A sociedade holandesa nunca se recuperou das loucuras hippies, do *flower power* e das viagens para fora da realidade provocadas pela droga. Enquanto todas as outras sociedades ocidentais foram trazidas de volta à Terra, a sociedade holandesa ficou nas nuvens. O culto da irracionalidade não se limita a setores marginais, mas infecta cada aspecto da vida. (...) A Holanda, que outrora era um dos países mais respeitáveis, hoje assumiu um papel de liderança na permissividade. (...) Se os holandeses não querem se levar a sério, o que nós temos com isso? Infelizmente, temos de nos preocupar, sim. A Holanda não é apenas pouco confiável no combate às drogas, mas, da mesma forma, é não confiável como parceira em qualquer esforço comum sério, como, por exemplo, na construção de uma nova Europa.
(Editorial do *London Sunday Telegraph*, 17 de julho de 1991.)

Vinheta de Willem, do nº 8 da revista *God Nederland & Oranje*, setembro de 1967.

## CAPÍTULO 9

# A PROPÓSITO DAQUILO

UM DOS RESULTADOS MAIS EVIDENTES da quieta revolução Provo na sociedade holandesa é o reconhecimento, não jurídico mas factual, do uso de drogas leves e a política de contenção e "redução do dano" das drogas pesadas. Uma experiência que já tem trinta anos e que demonstrou inequivocamente a própria eficácia (diminuição constante do consumo, separação do mercado das drogas leves do mercado das drogas pesadas, banalização do fascínio do "proibido" e eliminação de sua periculosidade social). A postura desenvolta do provotariado para com as drogas ficou clara desde o início: "As drogas são ilegais e por conseguinte exercem atração. Estão em conflito com a opinião pública, vão contra as normas e os modelos reinantes, eis por que gostamos delas" (Van Duijn). O uso da maconha sempre foi tranquilamente aceito pelo provotariado, que de fato a liberalizou no dia a dia. Uma das fórmulas de feitiço recitadas pelo chapeleiro maluco (antinicotina mas não antiervas) diante do monumento ao "insaciável consumista de amanhã" era "O que o camponês planta?" e, ouvindo isso, os fiéis respondiam em uníssono: "Cânhamo!".

Kees Hoekert, o Provo que jogou a galinha branca diante da carruagem real, tornou-se uma autoridade no setor "agrícola-comercial" da cânabis dirigindo a Lowland Weed Company, cuja atividade teve início na segunda metade dos anos 1960, na barca multicolorida em que morava (e onde haviam sido confeccionadas algumas das bombas que defumaram as núpcias reais), que se tornou um dos símbolos da Amsterdã alternativa: ancorado diante de um posto da polícia, colocava bem à mostra (e à venda por preços bem baratinhos) centenas de plantinhas em diversas fases de crescimento. Numa entrevista de 1967, um dos cultivadores da barca afirmava profeticamente: "Queremos mudar completamente a imagem de Amsterdã, que é conhecida em toda parte como a cidade das tulipas. Em alguns anos, eu juro, será apontada como a cidade da maconha, correrão o mundo cartões-postais que, em lugar de mostrar as policromadas extensões de tulipas, mostrarão as alegres plantações de nosso cânhamo... E nascerá uma nova forma de turismo".

Eis uma das proclamações revolucionárias distribuídas pela Lowland Weed Company, na qual se reconhece facilmente a matriz Provo:

> Nós, Livres e Iluminados Habitantes do Planeta, Viajantes da Consciência Universal. Nós, os Jovens Intolerantes para com Restrições, Tabus e Proibições, Nós, Amantes da Paz e do Amor e da Irmandade Cósmica, considerando que desde sempre a Sociedade nos oprime com suas Drogas Passivas, entre as quais incluímos Televisão, Propaganda, Coca-cola, todos os filmes da Metro Goldwin Mayer, a Imprensa Governamental, seus Calmantes e Excitantes Químicos, os Aditivos Conforme a Lei, o Consumo dos Falsos Objetos assumidos como Necessidades ou Símbolos Sociais; considerando que há demasiado tempo vivemos numa armadilha que permite que poucos enriqueçam às nossas custas. Considerando que toda Proibição é, de todo modo, insustentável para os que pretendem experimentar a própria Consciência, mesmo fora dos limites de uma Sociedade que gostaria de ver todas as consciências adormecidas e servis ao Grão-Mongol do Dinheiro. Considerando que Nós, e apenas Nós, somos os donos de nosso Corpo e de nossa Mente, tornamos desde hoje legal, para todo o Planeta, o cultivo e o consumo da Maconha. Para esse objetivo escolhemos o caminho da livre e espontânea difusão desta Erva, que semearemos em cada metro quadrado de terra que tiver sido poupado do cimento na cidade, de modo que todos os nossos Irmãos possam colhê-la

> e usá-la livre e gratuitamente durante suas tantas peregrinações pelas ruas do vasto e incerto mundo.

Em 1990, na qualidade de jurado, Kees Hoekert participou, junto com Robert Jasper Grootveld e o quadrinista Gilbert Shelton (o autor dos Freak Brothers) da entrega da Cannabis Cup, o Oscar de melhor qualidade de maconha, entregue todo ano em Amsterdã.

Simon Vinkenoog, poeta e evolucionista social, um dos mais ativos Provos (e membro do júri da Cannabis Cup em 1991), esteve entre os primeiros a tratar, em âmbito internacional, dos aspectos socioculturais da cânabis. Seu *Book of Grass: an Anthology of Indian Hemp* (1967) foi o primeiro livro com esse tema escrito do ponto de vista da contracultura.

Enquanto no resto do mundo a única resposta foi (e continua sendo) de tipo policial, Amsterdã mais uma vez forneceu ao mundo um exemplo de tolerância e de inteligência. Aliás, um ilustre cidadão seu, Spinoza, há muitos séculos já intuíra que:

> Todas as leis que podem ser infringidas sem causar nenhum dano a quem quer que seja são consideradas apenas objeto de irrisão, e estão tão distantes de conseguir conter desejos e aspirações dos homens que, ao contrário, fazem com que se tornem ainda mais estimulantes. Já que "sempre desejamos frutos proibidos e queremos o que nos é negado". Nem é defeito dos homens ociosos a habilidade de eludir as leis instituídas ao redor daquelas coisas que não podem absolutamente ser proibidas. (...) Aquele que tudo procura regular em virtude da lei, é muito mais provável que esteja solicitando o vício em lugar de corrigi-lo.

Uma postura, a da sociedade holandesa, em que pode ser reconhecida uma reverberação do pensamento libertário. Em 1922, Errico Malatesta lançava sua modesta proposta no *Umanità Nova* (naquela época, a droga da moda era a cocaína):

> (...) existem leis severas contra os que usam ou vendem cocaína. E, como de costume, o flagelo estende-se e intensifica-se apesar das leis, e talvez por causa das leis. Da mesma forma, no resto da Europa e na América. (...) O velho erro dos legisladores, apesar de

> a experiência sempre, invariavelmente, ter mostrado que a lei, por mais bárbara que seja, nunca valeu para suprimir um vício, ou para desestimular o crime. Quanto mais severas forem as penas infligidas aos consumidores e aos comerciantes de cocaína, tanto mais aumentará a atração dos consumidores pelo fruto proibido e o fascínio pelo perigo enfrentado, e nos especuladores, a avidez de lucro, que já é ingente, aumentará ainda mais com o crescimento da lei. Não adianta portanto confiar na lei. Propomos outro remédio. A declaração de livre uso e comércio da cocaína e a abertura de postos de venda, onde ela será vendida a preço de custo, ou até abaixo do preço de custo. Além disso, uma grande campanha para explicar ao público e fazer com que eles toquem concretamente os danos da cocaína; ninguém faria propaganda contrária, pois ninguém poderia ganhar com o mal do vício da cocaína. Decerto, com isso o uso danoso da cocaína não desapareceria totalmente, pois persistiriam as causas sociais que criam os desgraçados e os levam ao uso das drogas. Mas, de todo modo, o mal diminuiria, porque ninguém poderia lucrar com a venda da droga e ninguém poderia especular com a perseguição aos especuladores. Por isso nossa proposta deixará de ser considerada ou será tratada como quimérica e louca. Mas as pessoas inteligentes e desinteressadas poderiam pensar: não seria bom, pelo menos a título de experimento, tentar o método anarquista?

Dos clubes multimídia Provadya, que o movimento obteve no último período de sua existência e que foram transformados em zonas francas, como o Fantasio e o Paradiso (onde se podia fumar livremente), até os organizadíssimos e banais Coffee Shops de hoje, Amsterdã continua mostrando-se tradicionalmente refratária a todo tipo de proibicionismo.

CAPÍTULO 10

# UM APÊNDICE ITALIANO

A PALAVRA PROVO APARECE NA Itália no início de 1966, trazida por corajosos mensageiros que deram para percorrer os quatro cantos da Europa de lambreta ou pedindo carona. Levados pela inclemência do clima natal e pela sede de aventura, muitos Provos holandeses também foram até o sul, apelando para o provotariado. O poeta tribal Gianni Milano encontra-os em Paris e fica enfeitiçado com seu gentil banditismo.

Intermediário fundamental entre o cenário de Amsterdã e a Itália, testemunha em primeira mão dos happenings sob o Lieverdje, é um extravagante homem selvagem e nômade, Vittorio Di Russo. Após ser preso pela polícia holandesa e deportado para a Itália sob a acusação de vadiagem, e após rasgar o próprio passaporte no avião que o levava de volta à Itália, declarando-se cidadão do mundo, Di Russo escolhe a estátua do "Idiota a Cavalo" (mais conhecido por Vittorio Emanuele III), na praça Duomo de Milão, como substituta do Moleque da Spui, transformando-a num centro de provocação visual contra as autoridades e o mundo conformista. "Vestindo um balandrau transparente de náilon, longo até os pés, um enorme cachimbo de sultão no peito e duas argolas nas orelhas, tipo Otelo cinematográfico-teatral, cercado pela reverência dos frequentadores dos Pipers e pelas curiosidades dos passantes", feito um pirata Barbanegra no centro da capital econômica do país, com sua aparência provoca uma perturbação ótica nos pobres cidadãos conformistas e é ferozmente perseguido pela polícia. Seguindo o exemplo dos Provos, em novembro de 1966 dá vida ao primeiro jornal underground italiano, *Mondo Beat*. Sua contribuição será essencialmente existencial, ao passo que o aspecto mais propriamente "político" será assumido pelo grupo milanês Provo – Onda Verde (nome inspirado pelo movimento pacifista americano Green Wave), cuja estreia, uma manifestação contra a guerra do Vietnã, acontecerá em 4 de novembro de 1966. Eis como o diário *Il Giorno* a descreve:

> Milão *à la page*: os cabeludos organizaram-se como os "Provos" holandeses. Ontem, primeira manifestação oficial antimilitarista, erótico-pacifista (*make love not war*) dos beatniks da Madonnina[15]. A água – que não estava no programa – batizou-a, com abundância. Enfim, para que sobrasse alguma coisa nas atas, foi autenticada pelo distrito policial do centro, onde foram parar todos os manifestantes, encharcadas suas roupas, as cabeleiras, os sapatos. A crônica. Estação do metrô da praça Duomo: reúnem-se, por volta das dez, aproximadamente cinquenta cabeludos e um punhado de mocinhas bastante bonitinhas. Um cartaz diz: "Não às armas! Paz!". Um pacotinho de cartazetes mimeografados: "Viva 4 de novembro, viva a festa da morte, jovens, recusem os falsos mitos da pátria. Lembrem-se, vocês são os únicos donos de suas vidas. Não aos exércitos!! Matam na guerra, consomem na paz! Grupo Provo Milão Um" (...).

Durante a manifestação, Vittorio Di Russo torna a rasgar seu passaporte, em protesto contra as fronteiras que dividem os povos.

Os grupos que surgiram em Milão e Roma, inspirados no exemplo holandês, recrutam seus membros essencialmente no mundo estudantil e distinguem-se dos irmãos do norte pela falta de ilusões reformistas e pelo projeto de desculturação (emprestado dos situ-

15. Referência à estátua da Madonna da catedral de Milão, sinônimo da cidade. (N.T.)

Vittorio Di Russo, rei da praça Duo

acionistas). De resto, num país tão lastimavelmente conformista como a Itália, obcecado com zeladores e vizinhos (O que será que os vizinhos vão dizer?), realmente basta muito pouco para provocar o Estado. E o Estado italiano, que não é um sistema moderno e elástico como o holandês, responde como sempre respondeu contra as novas ideias, "na porrada". Tanto em Milão quanto em Roma (grupo Provo-1) acontecem barulhentas (e criativas) operações de protesto. Fazem parte do grupo milanês, entre outros, Giuliano Modesti, Sanguinetti, Ombra, Marco Maria Sigliani, Andrea Valcarenghi, Aligi Taschera. Do grupo romano, Carlo Silvestro, "Pinky" e Luca Bracci. Os Provos italianos produzem um bom número de publicações interessantes, muitos folhetos (alguns dos quais em colaboração com os Provos holandeses), um suplemento para *Mondo Beat,* "Metodologia Provocatória", intervenções em *Stampa Libera* (Cinisello Balsamo) e no *Pensiero* (Brescia), alguns boletins tipo *Provo 1* e *NO* (Roma). Os componentes mais radicais do grupo milanês, no final da experiência Provo, irão se deslocar para posições situacionistas produzindo um jornal, *S*, de grande visão e profético, que terá uma influência decisiva no nascente movimento dos estudantes. Outros, como Aligi Taschera, passarão para o Partido Radical. Valcarenghi criará *Re Nudo,* o lugar-comum do underground italiano, e acabará como devoto de Bhagwan Shree Rajneesh. O itinerário do profeta e fotógrafo Carlo Silvestro será o mesmo, após a longa experiência da lendária comunidade siciliana de Terrasini. Ombra, generosa e loucamente, continuará participando de todas as fases da contracultura italiana, até chegar aos Centros Sociais.

Eis algumas das ações cujos protagonistas foram os Provos (mas a Itália, naturalmente, não é a Holanda).

Milão, 27 de novembro, um grupo Provo acorrenta-se à balaustrada da entrada do metrô, em protesto contra a lei que impede a opção pelo serviço civil em lugar do serviço militar. Após a intervenção dos ferreiros, são levados à força para a delegacia. 17 de dezembro, *sit-in* na praça Duomo, distribuição de flores aos passantes e exposição de cartazes zombando da polícia milanesa: "Armemos a polícia com uma flor", "A polícia usa as margaridas", "Nossa polícia é uma violeta de modéstia e timidez". A polícia não aprecia e prende uma dúzia de Provos. Os outros movem-se em cortejo até a delegacia, onde entram de mãos para o alto, em sinal de rendição, entregando-se aos agentes de serviço. A polícia reúne-os numa sala ampla, em seguida escolhe ao acaso dois deles e leva-os a uma sala vizinha, onde vinte agentes os surram com selvageria. No dia seguinte constitui-se o grupo Provo "fatebenefratelli" (do nome da delegacia milanesa), que publica um panfleto.

> (...) Propomos uma condecoração para a polícia de Milão! Muito mais útil a caça ao jovem anarquista, ao Provo, ao beatnik, ao cabeludo, do que a caça ao criminoso comum! O assassino e o ladrão ameaçam nossa vida e nossa propriedade (?), mas os outros ameaçam um bem mais precioso do que a vida: o sono de nossas consciências, a atrofia de nossos cérebros. Por sorte CASSETETE E PARADA MILITAR estão vigiando. FATE-BENE-FRATELLI[16]!!!!

De 24 a 26 de dezembro, Milão sediará o Congresso Europeu da Juventude Anarquista, do qual também participa uma "delegação" Provo holandesa. No encerramento dos trabalhos, uma demonstração pacifista com canção de roda em volta da árvore de Natal da praça Duomo e, para o horror dos transeuntes, a exposição de um garrote, em protesto contra o regime franquista. Ataque da polícia e prisões.

No final de dezembro sai o segundo número de *Mondo Beat,* do qual também participa *Onda Verde*, que divulga o opúsculo *Metodologia Provocatória.*

MÉTODO IDEOLOGIA PROVOCAÇÃO
ou seja, como eliminar os cadáveres em putrefação e viver felizes (...) Resumimos em dois pontos as acusações mais corriqueiras e repetidas (que nos dirigem – N.d.R.): 1) Não dispomos de instrumentos para uma "análise" ("social" ou "dialética" ou "histórica"); por conseguinte não temos consciência da "estrutura econômica" que determina o sistema. 2) Distanciamo-nos e ignoramos a única verdadeira força inovadora e revolucionária, ou seja, a classe operária, o "proletariado".
Não estamos revelando nada de novo se dissermos que até a ala menos maçante e retrógrada do movimento comunista evita cuidadosamente falar de "estrutura objetiva" como fator determinante de um contexto social. De todo modo, nexos de causa e efeito, do tipo relações produtivas/relações mentais psíquicas parecem já ter sido abandonados até pelos que acreditam nas "substâncias", na "alma", em Jesus Menino e nas "estruturas". A análise das relações de produção como "estrutura objetiva" da sociedade não pode ser proposta como científica. É fruto de uma redução operada com métodos não declarados, cujo resultado é absolutista. Não se trata de novidades, e temos de reconduzi-las a todo o vasto manto de "intelectuais de esquerda" que nos acusam de esquecer que a grama é verde e que o alvorecer chega antes do anoitecer.
Nesta altura, como já foi feito, está pronta, para nós, a acusação de intelectualismo. O "cabeludo" não sabe dessas coisas, não quer saber e não lhe interessam. Raciocínio, diria eu, pouco marxista. Um operário inglês dos meados do século XIX não precisava ler *O Capital* para saber que estava sendo explorado como um escravo durante 16 horas do seu dia. Da mesma forma, um "cabeludo ou beat" não necessita de tantos raciocínios para dizer adeus àquilo que o incomoda e para NÃO se filiar nem à Democracia Cristã nem ao Partido Comunista Italiano. E, afinal, se ele adquire um pedacinho de consciência a mais, é lucro. Mas não é necessário. Basta que ele perceba o aperto da sociedade de consumo e faça escolhas claras: retiro-me para uma caverna ou então vou para a

praça pública e protesto contra algo específico. Nem é necessário ter cabelos compridos. Toda a literatura zoológica sobre os cabeludos baseia-se num equívoco que tende a relegar o fenômeno dos jovens revoltosos ao plano do bicho raro, a ser entrevistado para saber onde ele pasta e onde ele faz amor. Todo jargão paramarxista ("estrutura objetiva", "relações de classes", "alienação") é uma cobertura autoritária para atos autoritários. Ou seja, vai-se desde os tanques de Budapeste às deportações stalinistas, da repressão dos direitos civis além da Cortina de Ferro até as Guardas vermelhas, ao ordenamento hierárquico e oligárquico dos partidos comunistas (e não só eles, claro) do lado de cá da Cortina. Nosso julgamento não se baseia na omniloquência da ideologia, mas no traço comum aos métodos autoritários ou violentos, incluindo-se aí, portanto, todos os movimentos, dos Anarquistas aos Fascistas.

Além das filosofias, permanecem as mesmas operações e os mesmos produtos: a violência e a repressão que a perpetua. No que concerne ao segundo ponto, aí também restam muitas coisas a definir. Antes de mais nada, os critérios para definir fisicamente esse onipotente "proletariado". E, em segundo lugar, era preciso estabelecer se realmente a mentalidade da "classe operária", hoje, seria libertária. Resta estabelecer se, numa sociedade de consumo, a "classe operária" estaria menos integrada no sistema e realmente disposta a detê-lo, começando, com o perdão da modéstia, por dar uma cópia da chave de casa aos filhos.

Nós avançamos a hipótese, que aliás nem sequer é nossa, de que quanto mais o Sistema dos consumos evolui, tanto mais, por meio da aparente satisfação econômica, todo elemento é integrado e privado do efetivo poder de decisão. É justamente nesse ponto que todo discurso tradicional da esquerda entra em pane: perseguir A enquanto B vai para outro canto é algo que ecoa um vínculo com velhas elaborações, no mínimo centenárias, e com manobras oportunistas até excessivamente recentes, conforme o Concordato. Ainda nesse ponto, aliás, é que começa o discurso dos jovens revoltosos. Começa pela falta de instrumentos científicos, seguros, de análise social. Porém, ainda mais, começa pela falta de um movimento capaz de abrir mão de álibis ideológicos em favor de uma escolha precisa de métodos não violentos, não autoritários, baseados na constante participação individual e na ação direta. (...) É a essa altura que os jovens saem do pântano e decidem "fazer por conta própria". Assim nasceu a revolta

de Berkeley, a luta pelo Vietnã, a ação dos Provos holandeses e dos situacionistas de Estrasburgo.
Entrar para um partido, deixando de lado os "aborrecimentos" da hierarquia e a centralização das decisões, significa: esperar uma revolução de que sempre se fala e que nunca se faz ou adaptar-se aos torneios das poltronas parlamentares e ministeriais. Ou então fazer salão cultural, para maior glória da editoria e da cultura toda. São três perspectivas que um jovem de 18 anos dificilmente tem vontade de fazer parte. Pois já estaria mais que na hora de nos divertirmos enquanto fazemos alguma coisa, ao passo que a rotina do intelectual e da atividade de partido estão mais para o grotesco e a dança macabra. (...)

Ainda no final de dezembro é constituído, em Roma, o grupo Provo-1, que em janeiro publicará o primeiro número de um jornal mimeografado com o mesmo nome. O primeiro-ministro inglês Harold Wilson, em visita oficial a Roma, é acolhido com tomates pelo grupo romano, que dali a pouco repetirá o ato, atirando no ministro soviético Nicolái Podgorny e no vice-presidente norte-americano Hubert Humphrey.

Em 8 de janeiro de 1967, os Provos de Milão protestam contra a guerra do Vietnã e declaram guerra aos EUA. Eis o texto, ridiculamente Ginsberguiano, distribuído durante a manifestação:

Chovem bombas - pessoas que já estão famintas são dilaceradas. Vi crianças que o gás tornou cegas - vi soldados sádicos afundando suas facas nos ventres de jovens mulheres - vi gente queimada com napalm enquanto gente gorda, arrotando por excesso de riqueza, ergue o novo velocino de ouro: o Vietnã! A orgia começou! Johnson diz: "Deus assim quer!" e goza ofegando feito um porco, enquanto o negro do Alabama chora, enquanto o vietnamita sofre, enquanto os poucos Ginsberg dos Estados Unidos gritam de tanta dor... O clero deste deus sadomasoquista goza ao participar do banquete abençoando, *innominecristi,* armas caras. E vocês, pessoas que os que mandam transformaram em gentinha, que compram em lojas de departamento, que bebem Coca-cola e que assistem aos comerciais, o que fazem??
PROVO

PROVOS MILANESES DESDE HOJE EM GUERRA COM O GOVERNO DOS EUA

Em 27 de janeiro, os grupos milaneses apresentam seus programas na Casa da Cultura. Em 1º de março sai o terceiro número de *Mondo Beat-Onda Verde*. Em 15 de março participam de um debate no Clube Turati. Durante todo o mês de março, os Provos passeiam pelo centro de Milão em horários preestabelecidos, vestindo capas de chuva transparentes com escritas provocatórias ("O premier Moro é bonitinho e até que é bom para a saúde"). A iniciativa, batizada de Manifestação Permanente, é anunciada com este folheto:

> A "manifestação das algemas", a "manifestação das flores", a de Natal e pelo Vietnã, que desencadearam, publicamente ou não, a violência descabida da polícia.
> A imprensa e a distribuição nacional de *Mondo Beat*, o jornal unitário de todos os grupos beats, Onda Verde e Provo de Milão.
> O preparo de uma nova leva daqueles que fazem "objeção de consciência"[17], já para a próxima convocação do exército.
> A provocação pontual e ininterrupta nas sedes culturais e políticas.
> Essas são algumas das atividades já realizadas.
> No centro de Milão começa e continua, ininterruptamente, O HAPPENING PERMANENTE OU MANIFESTAÇÃO-ESPETÁCULO.
> Ela inclui todos os pontos que já enfrentamos (recusa dos métodos violentos, fascismo, comunismo e conservadorismo provinciano das autoridades, economia de consumo, liberdade sexual etc. etc.)
> Mas, sobretudo, a luta pelo objetivo crítico de todas as operações dos beats e do provotariado italiano.
> OS DIREITOS CIVIS
> Ou seja, entre os primeiros pontos a serem impostos à atenção geral mediante "provocação":
> - revisão total da legislação sobre os menores de idade
> - abolição das intimações, das deportações e das "averiguações"
> - abolição do serviço militar
> - "plano das chaminés brancas"

16. Embora seja nome próprio, em italiano significa literalmente "bem-feito, irmãos".

17. Tradução literal da denominação italiana para os que optam pelo serviço civil em lugar do serviço militar. (N.T.)

- "plano das consciências brancas"
- plena liberdade jurídica nas relações sexuais (exceção feita à prostituição e à violência), a começar pelo divórcio
- desarmamento da polícia

O movimento dos jovens está esvaziando o afluxo nos partidos, nas associações confessionais e para-escolares mediante a recusa das hierarquias e dos métodos violentos, assumindo o método provocatório.

OS VELHOS, INEVITAVELMENTE, MORREM ANTES QUE A GENTE
NÃO SEJAM CORDEIROS DIZENDO MÉÉÉ!
VAMOS VESTIR DE BRANCO UMA CIDADE NEGRA
NÓS NÃO TEMOS IDEOLOGIAS, TEMOS MÉTODOS

Em abril, o mais desenfreado dos Provos romanos, Pinky, é aprisionado em Ferrara pela polícia. Uma de suas empreitadas lendárias é a de ter conseguido resistir (com Luca Bracci), sem sequer dar um passo para trás, ao jato de um hidrante da polícia, até o estoque de água terminar. Em 6 de maio, os Provos milaneses organizam uma procissão com caixões brancos e correntes, em protesto contra a guerra do Vietnã. Na primavera, Carlo Silvestro e outros componentes do grupo romano conseguem intervir, misturados entre as comitivas de fiéis, numa cerimônia papal na praça de São Pedro: seguem adiante até chegar às primeiras filciras, exibindo cartazes com louvores ao pontífice. Depois, ao chegarem mais perto os rasgam, revelando uma segunda camada com dizeres em favor do controle da natalidade. Em 2 de junho, festa da República, os Provos milaneses tentam desviar o turbilhão de torcedores do Juventus, que estavam festejando a vitória no campeonato de futebol, para o Arco da Paz, onde estava acontecendo a parada militar. Andrea Valcarenghi, Ombra e Aligi Taschera são detidos e presos por terem distribuído um panfleto antimilitarista (de fato, não era preciso muito para ir parar na cadeia).

Viva o exército! a república italiana é sustentada pelo exército
Viva o exército! no Vietnã os militares massacram o povo vietnamita
Viva o exército! na Grécia os militares aprisionam milhares de cidadãos
Viva o exército! no mundo todo os militares sustentam os reacio-

nários, portanto, e sempre, viva o exército
OS PROVOS DA ONDA VERDE

Em 16 de junho, os Provos descem à praça em protesto contra o fechamento, por parte dos militares, do acampamento beat da rua Ripamonti, em Milão. Um grupo consegue entrar na sede do jornal reacionário *Corriere della Sera*, cujos artigos horripilantes haviam levado a uma intervenção da polícia contra os beats, e distribui aos jornalistas um "decálogo do bom jornal". Andrea Valcarenghi apresenta-se no quartel de Cosenza e recusa a farda. É transferido para o cárcere de Gaeta.

A todos os que recusam a moral dessa sociedade burguesa, militarista, clerical, antilibertária e cinzenta...
JOVENS, VAMOS NOS REBELAR!
Este apelo é voltado a todos os que esperam e lutam pelo advento de uma sociedade de pessoas livres e iguais: a revolta não deve

*Pensiero* nº 2, jornal Provo italiano de 7 de fevereiro de 1968.

parar nos protestos superficiais, que a burguesia desvia rumo a novas especulações industriais e é isso que os jovens PROVOS holandeses entenderam.
JOVENS, VAMOS NOS UNIR!!!
Para que nosso protesto atinja a sociedade em sua base, vamos PRO-VOcar, Vamos Constituir Grupos PROVOS, Vamos Formar Grupos Libertários!
ATENÇÃO, JOVENS: o que fazemos é demolir um mundo!
PROVOS MILÃO 1

Os herdeiros mais diretos dos Provos italianos despontarão inesperadamente durante o movimento de 1977: os efêmeros Indiani Metropolitani. Um grupo cheio de ironia e teatralidade, derrubado, ao nascer, pela polarização entre autônomos e polícia. Num país de dualismos monolíticos e ferozes como a Itália, a presença de uma "terceira via" criativa e libertária sempre teve vida difícil. Para o poder, era muito mais funcional oferecer aos jovens só duas monstruosas opções: a luta armada ou a droga pesada. Tolerância repressiva *dutch-style*? Nem pensar.

# BIBLIOGRAFIA


ANDREOLI, P.R. *Provo*, Roma, Semerano Ed., 1967.

(Anônimo). *Della miseria nell'ambiente studentesco – considerata nei suoi aspetti economici, politici, psicologici, sessuali e in particolare intellettuali, con una modesta proposta per porvi rimedio*, Estrasburgo, UNEF, 1966.

BOUYXOU, J.P./DELANNOY, P. *L'Aventure Hippie*, Paris, Édition du Lézard, 1995.

BRUNO, A. *Jacques Brel: è il vento del nord che mi farà capitano*, Roma, Stampa Alternativa, 1993.

DE JONG, R. *Provos & Kabouters*, Buffalo, Fiends of Malatesta, s.d.

FRÉMION, Y. *Provo, la tornade blanche*, Bruxelles, JEB, 1982.

GRINSPOON, L. *Marijuana*, Milão, Urra–Apogeo Ed., 1996.

GUARNACCIA, M. *Almanacco Psichedelico*, Torino, Nautilus, 1996.

______. (org.) *Beat e Mondo Beat*, Roma, Stampa Alternativa, 1996.

HOLLSTEIN, W. *Underground*, Firenze, Sansoni, 1975.

HOME, S. *Assalto alla cultura*, Bertiolo, AAA, 1996.

______. (Edição brasileira: *Assalto à Cultura: utopia subversão guerrilha na (anti)arte do século XX*. Trad. de Cris Siqueira, São Paulo, Conrad Editora, 1999.)

HUIZINGA, J. *Homo Ludens*, Milano, Il Saggiatore, 1964.

______. Edição brasileira: *Homo Ludens, O jogo como elemento da cultura.* Trad. de João Paulo Monteiro, São Paulo, Perspectiva, 1971.

JORION, P. *Provo: une forme originale de contestation. Quelques considerations relatives au phenomene "Provo"*, França, inédito, 196?

KEMPTON, R. *The Provos, Amsterdã's Anarchist Revolt*, Inglaterra?, Inédito, 197?.

MEIER, H.J. *Dit-Hap-Hap-Happens in Amsterdã*, Amsterdã, De Arbeiderspers, 1966.

NEVILLE, R. *Play Power*, Milano, Milano Libri, 1971.

NOVELLI, P. *Fate l'amore non la guerra*, Torino, Ed. dell'Albero, 1967.

PIVANO, F. *Beat Hippie Yippie*, Milano, Bompiani, 1977.

SALARIS, C. *Il movimento del settantasette*, Bertiolo, AAA, 1997.

SIMENON, G. *L'uomo che guardava passare i treni*, Milano, Adelphi, 1991.

______. Edição brasileira: *O Homem que Via o Trem Passar*, Nova Fronteira.

STANSILL, P./MAIROWITZ, D.Z. (Org.) *BAMN*, Harmondsworth, Penguin Books, 1971.

TARIZZO, D. *L'Anarchia*, Milão, Mondadori, 1976.

TAYLOR, D. *It Was Twenty Years Ago*, Londres, Bantam Press, 1987.

WEBB, J. *Il Sistema Occulto*, Milão, Sugarco, 1976.

WOODCOCK, G. *L'Anarchia, storia delle idee e dei movimenti libertari*, Milão, Feltrinelli, 1966.

## REVISTAS

*Abitare*, nº 283, julho–agosto 1985, Milão.

Actuel, nº 7, abril 1971, Paris.

*Collana Anteo-Opuscoletti di propaganda atea e anticlericale*, nº 24, julho 1966, e nº 27, outubro 1966, Ragusa.

*Delta, a Review of Arts Life and Thought in Nederlands*, Vol. X, nº 3, outono de 1967, Amsterdã.

*God Nederland & Oranje*, os 10 números publicados, Amsterdã, 1967.

*High Times*, nº 173, janeiro de 1990 ("Dutch Provos", artigo de Teun Voeten), Nova York.

*Internazionale Situazionista* 1958–1969, Turim, Nautilus, 1994.

*I Meridiani*, nº 26 (especial Amsterdã), março 1993, Milão.

*Ontbijt Op Bed*, os 10 números publicados, Maastricht, 1966/67.

*Pontiac Review*, nº 2, outubro 1990, Amsterdã.

*Provo*, os 15 números publicados, 1965/1967, Amsterdã.
*San Francisco Oracle Facsimile Edition*, org. de Allen Cohen, Oakland, Regent Press, 1991.

Além disso o autor folheou várias publicações, em suas edições dos anos 1966/67, entre elas: *ABC, L'Europeo, Il Corriere della Sera, Il Giorno, Big, Ciao Amici, Gente, Vita, The Times, Le Monde, Der Spiegel.*

Panfletos dos Provos, do livro *Dit Hap-Hap-Happens in Amsterdã*, 1966.